Inhalt

Judentum

Autorin: Nicole Geißler

LS 01	Das Judentum – eine der fünf Weltreligionen	5
LS 02	Die Juden – das auserwählte Volk Gottes	8
LS 03	Die Heiligen Schriften der Juden	10
LS 04	So beten die Juden	14
LS 05	Jüdische Feste im Jahreskreis	17
LS 06	Jüdische Lebensfeste	23
LS 07	Rund um das Judentum – eine Lernkartei erstellen	30
LS 08	Einen Zeitstrahl zur Geschichte der Juden erstellen	36

Islam

Autorin: Waltraud Boes

LS 01	Wer war Mohammed?	40
LS 02	Der Koran	43
LS 03	Die Moschee	48
LS 04	So beten Muslime	52
LS 05	Die fünf Säulen des Islam	57
LS 06	Muslimische Feste im Jahreskreis	68
LS 07	Muslimische Lebensfeste	71

Die Autorinnen:

Nicole **Geißler** ist Förderschullehrerin an der Staatlichen Förderschule soziale Entwicklung in Saarbrücken. Sie begleitet als Klipperttrainerin Programmschulen und führt Lehrerfortbildungen am Landesinstitut für Pädagogik und Medien durch.

Waltraud **Boes** ist Förderschullehrerin an einer Förderschule für soziale Entwicklung im Saarland sowie Unterrichtsentwicklungsberaterin.

Inhalt

Lerneinheit 1: Judentum

Der Lern- und Arbeitsprozess

A Vorwissen und Voreinstellungen aktivieren

LS01 Das Judentum – eine der fünf Weltreligionen
▶ Symbole der Weltreligionen den Namen zuordnen ▶ Zuordnungen mit Zufallspartner vergleichen ▶ Namen zu Symbolen an Tafel ergänzen ▶ Sachtext lesen ▶ Textstellen markieren ▶ Stichworte und Illustrationen zum Text entwickeln ▶ Plakat gestalten ▶ Plakate im Galeriegang präsentieren ▶ Feedback zur Umsetzung der Methode geben

LS02 Die Juden – das auserwählte Volk Gottes
▶ Informationen entnehmen ▶ Schlüsselwörter markieren ▶ Spickzettel in Gruppenarbeit erstellen ▶ mit Spickzetteln Kurzvortrag entwickeln ▶ Kurzvortrag präsentieren (ausgeloste Gruppensprecher) ▶ Quizkärtchen erstellen

B Neue Kenntnisse und Verfahrensweisen erarbeiten

LS03 Die Heiligen Schriften der Juden
▶ Informationen entnehmen und Rätsel lösen ▶ Lösungen im Lerntempoduett vergleichen ▶ Merkheft im Tandem gestalten ▶ Merkhefte in Vierergruppen vorstellen ▶ Zehnwort mit eigenen Formulierungen ergänzen

LS04 So beten die Juden
▶ Sachtext lesen ▶ Pappfiguren ausschneiden und gestalten ▶ Stafettenpräsentation durchführen ▶ Informationskarten erarbeiten ▶ in Gebetbüchern und Bibeln recherchieren ▶ eigene Informationskarten erstellen ▶ Ergebnisse im Rahmen eines Informationsspaziergangs präsentieren

LS05 Jüdische Feste im Jahreskreis
▶ Lehrer trägt Informationen zu Sabbat vor ▶ Bildvorlage ergänzen ▶ Bilder im Doppelkreis vorstellen ▶ Informationen entnehmen ▶ Steckbriefe zu religiösen Festen erstellen ▶ Steckbriefe im Plenum präsentieren ▶ Fragebogen zu christlichen Festen bearbeiten

LS06 Jüdische Lebensfeste
▶ Textabschnitte Bildern zuordnen ▶ Namen christlicher Feste auflisten ▶ Bilder zu Festen zeichnen ▶ Arbeitsergebnisse im Doppelkreis präsentieren ▶ Informationen entnehmen ▶ Bilddokumentation entwickeln ▶ Bilddokumentationen im Galeriegang präsentieren ▶ eine Seite mit christlichen Festen des persönlichen Lebenslaufs gestalten

C Komplexe Anwendungs- und Transferaufgaben

LS07 Rund um das Judentum – eine Lernkartei erstellen
▶ Infotext zu Begriffen des Judentums lesen ▶ Fragen zum Text beantworten ▶ Antworten mit Tandempartner vergleichen ▶ in Gruppenarbeit Karteikarten erstellen ▶ Karteikarten im Stuhlkreis vorstellen ▶ Karteikasten einrichten

LS08 Einen Zeitstrahl zur Geschichte der Juden erstellen
▶ Vorwissen auf Satzstreifen notieren ▶ Satzstreifen im Rahmen einer Stafettenpräsentation sammeln und ordnen ▶ Informationen entnehmen ▶ Schlüsselwörter zu Zeitabschnitten und Jahreszahlen markieren ▶ Schlüsselwörter und Jahreszahlen auf Papierpfeile übertragen ▶ Zeitstrahl mit Papierpfeilen ergänzen

---

Abkürzungen und Siglen

LS = Lernspirale
LV = Lehrervortrag
EA = Einzelarbeit
PA = Partnerarbeit
GA = Gruppenarbeit
PL = Plenum
HA = Hausarbeit/Hausaufgabe

L = Lehrerin oder Lehrer
S = Schülerinnen und Schüler
In den Erläuterungen zur Lernspirale wird für Lehrerinnen und Lehrer bzw. Schülerinnen und Schüler ausschließlich die männliche Form verwendet: Dabei ist die weibliche Form stets mitgemeint.

Lerneinheit 2: Islam

Der Lern- und Arbeitsprozess

A Vorwissen und Voreinstellungen aktivieren

LS01 Wer war Mohammed?
▶ mit einer Karte arbeiten ▶ Lösung mit Schulterpartner überprüfen ▶ Textstreifen ordnen ▶ Stehpräsentation durchführen

B Neue Kenntnisse und Verfahrensweisen erarbeiten

LS02 Der Koran
▶ Text lesen ▶ richtige Informationen ankreuzen ▶ Ergebnisse mit Zufallspartner vergleichen ▶ Fragen beantworten ▶ Ergebnisse präsentieren ▶ eine begründete Auswahl treffen ▶ Stafettenpräsentation durchführen

LS03 Die Moschee
▶ gemeinsame Merkmale auf Bildern erkennen ▶ mit Zufallspartner austauschen ▶ einen Text lesen ▶ ein Bild beschriften ▶ Ergebnisse präsentieren ▶ ein Bild gestalten

LS04 So beten Muslime
▶ Text lesen ▶ Informationen markieren ▶ eigene Gedanken notieren ▶ Ergebnisse im Doppelkreis austauschen ▶ Texte und Bilder zuordnen ▶ ein Bild ausmalen ▶ Ergebnisse im Galeriegang präsentieren

LS05 Die fünf Säulen des Islam
▶ Lehrer führt in Ablauf der Stationenrallye ein ▶ Stationen bearbeiten ▶ eine begründete Auswahl treffen ▶ Bilder und Texte zuordnen ▶ sich in der Gruppe austauschen ▶ Fragen zum Text beantworten ▶ Ergebnisse an der jeweiligen Station präsentieren ▶ Lückentext ausfüllen

C Komplexe Anwendungs- und Transferaufgaben

LS06 Muslimische Feste im Jahreskreis
▶ Sachtext lesen ▶ W-Fragen beantworten ▶ Ergebnisse mit Schulterpartner austauschen ▶ Stichwortzettel anfertigen ▶ Vortrag halten ▶ Arbeitsmethoden reflektieren

LS07 Muslimische Lebensfeste
▶ unterschiedliche Texte im Gruppenpuzzle bearbeiten ▶ Informationen in Expertengruppen austauschen ▶ zu einem Text ein passendes Bild malen ▶ Ergebnisse in Mischgruppen zusammenführen ▶ Ergebnisse im Museumsrundgang präsentieren

---

Hinweis zum Zeitansatz

Eine Lernspirale ist für 90 (45) Minuten konzipiert. Je nach Größe und Leistungsstärke der Lerngruppe muss der Zeitansatz, der im Stundenraster für jeden Arbeitsschritt ausgewiesen ist, entsprechend angepasst werden.

Beispiel zum Aufbau der Lernspiralen

LS 01.M2

Verweis auf die Aufgabe in der Kopiervorlage: **A3**

Verweis auf die Lernspirale und das Material

		Zeit	Lernaktivitäten	Material	Kompetenzen
1	EA	10'	S füllen einen Steckbrief aus.	M1.A1	– Stichpunkte machen – Fragen in vollständigen Sätzen beantworten – Aussagen über die eigene Person formulieren
2	PL/PA	5'	S führen beim Spiel *music stop* Kennenlerndialoge und benutzen dabei zunächst Fragekärtchen als Hilfestellung.	M1.A2, M2	
3	PL/PA	5'	S setzen das Spiel ohne Fragekärtchen fort.		
4	EA	5'	S bereiten einen Kurzvortrag über sich vor.	M1.A3	
5	GA	15'	Simultanpräsentation: S stellen sich in Gruppen vor.		
6	PL	5'	Zwei S stellen sich vor der Klasse vor.		

- Arbeitsschritte
- Unterschiedliche Sozialformen
- Hinweise zum Zeitbedarf
- Vielfältige Lernaktivitäten und Methodenanwendungen der Schüler
- Verweis auf das Material und die Aufgaben in den Kopiervorlagen
- Kompetenzen, die die Schüler erwerben können

Notizen:

LS 01 Das Judentum – eine der fünf Weltreligionen

		Zeitrichtwert	Lernaktivitäten	Material	Kompetenzen
1	PL	5'	L gibt einen Überblick über den Ablauf der bevorstehenden Stunde.		– Symbole der fünf Weltreligionen erkennen und benennen – Begriffe und Daten zum Judentum kennen und deren Bedeutung erfassen – sinnentnehmend lesen – wichtige Textstellen erkennen und markieren – zielgerichtet arbeiten und kooperieren – Entscheidungen treffen – diskutieren und eigene Meinung vertreten – ein Plakat gestalten
2	EA	10'	S ordnen die Symbole der Religionen den entsprechenden Namen zu.	M1.A1	
3	PA	5'	S vergleichen ihre Zuordnungen mit einem zugelosten Partner.	M1.A2	
4	PL	5'	Ausgeloste S ergänzen die Namen zu den Symbolen an der Tafel.	M1, Tafel, Symbolkarten	
5	GA	40'	S lesen den Text „Das Judentum – die älteste der fünf Weltreligionen", markieren wichtige Textstellen und übertragen diese in Stichworten auf ein Plakat, das sie mit Illustrationen zum Inhalt ausgestalten.	M2.A1–3, Plakate, Stifte	
6	PL	15'	S präsentieren ihre Plakate im Galeriegang.	Plakate	
7	PL	10'	S geben Feedback zur Umsetzung der Kriterien zur Plakatgestaltung.		

Erläuterungen zur Lernspirale

Ziel der Doppelstunde ist eine erste Annäherung an das Judentum in seiner Einordnung als älteste der fünf Weltreligionen, deren Symbole die Schüler kennenlernen. In einem mehrstufigen Prozess erarbeiten sie sich Informationen zu Begriffen und Daten rund um das Judentum und präsentieren ihr Wissen abschließend in Form von Plakaten.

Zum Ablauf im Einzelnen:
Im **1. Arbeitsschritt** erläutert der Lehrer das Vorgehen für die folgende Stunde. Er verweist darauf, dass die Schüler im **2. Arbeitsschritt** zunächst in stiller Einzelarbeit den einführenden Text von M1 lesen und die Symbole der Weltreligionen den entsprechenden Namen der Religionen zuordnen.

Die Schüler vergleichen im **3. Arbeitsschritt** ihre Zuordnungen mit einem zugelosten Partner. Zufallspartner finden sich zum Beispiel mittels Abzählen, durch Spiel- oder Namenskärtchen.

Ausgeloste Schüler schreiben im **4. Arbeitsschritt** an der Tafel die Namen zu den dort aufgehängten Symbolkarten der fünf Weltreligionen.

Im **5. Arbeitsschritt** lesen die Schüler in Zufallsgruppen reihum laut und satzweise den Text „Das Judentum – die älteste der fünf Weltreligionen", markieren wichtige Textstellen und übertragen diese in Stichworten auf ein Plakat, das sie mit Illustrationen zum Inhalt ausgestalten. Hierzu formulieren sie aus den Stichworten Überschriften, die sie mit Unterpunkten ergänzen.

Die Präsentation der Plakate findet im **6. Arbeitsschritt** im Rahmen eines Galeriegangs statt.

Im **7. Arbeitsschritt** schließt sich eine Feedbackrunde an, die die Berücksichtigung der Kriterien zur Plakaterstellung zum Inhalt hat.

✓ Merkposten

Für die Bildung der Zufallspaare und Zufallsgruppen sind geeignete Losgegenstände (Kartenspiel, Paar-, Ziffern- oder Buchstabenkarten) mitzubringen. Gleiches gilt für das Auslosen der Gruppensprecher.

Tipp

Zur Herstellung der Symbolkarten für den 4. Arbeitsschritt vergrößert und laminiert der Lehrer die Symbole von M1.

Es bietet sich an, die allgemeinen Regeln zur Plakaterstellung, wie z.B. Schriftgröße, vorab zu besprechen, um eine gute Qualität der Schülerprodukte zu ermöglichen.

Notizen:

01 Das Judentum – eine der fünf Weltreligionen

> Das Judentum gehört zu den fünf Religionen, die am weitesten auf der Welt verbreitet sind. Man nennt sie die fünf Weltreligionen. Dazu gehören neben dem Judentum das Christentum, der Buddhismus, der Hinduismus und der Islam. Zu jeder dieser Religionen gehören besondere Handlungen, die wir Rituale nennen. Auch bestimmte Gebäude und Zeichen verbinden wir mit jeder dieser Religionen.

A1 Was gehört zusammen?

Verbinde die Gebäude und Symbole (Zeichen) mit dem dazugehörigen Namen der Weltreligion.

  Judentum

  Islam

  Christentum

  Hinduismus

  Buddhismus

A2 Vergleiche deine Ergebnisse mit denen deines Partners.

A1 Lest den Text gemeinsam. Reihum liest jeder einen Satz laut vor, die anderen lesen leise mit.

Das Judentum – die älteste der fünf Weltreligionen

Das Judentum ist die älteste der fünf Weltreligionen. Es entstand bereits vor fast 4000 Jahren und ist eine monotheistische Religion. Das bedeutet, dass die Juden an einen einzigen Gott glauben und nicht, wie zum Beispiel die Hindus, zu einer Vielzahl von Göttern beten. In den Schriften des Judentums steht geschrieben, wie Gott die Welt erschaffen hat. Auch von dem besonderen Verhältnis Gottes zum jüdischen Volk können wir in den Heiligen Schriften der Juden lesen. Danach sind die Juden das „auserwählte Volk Gottes" und wir erfahren dort, dass Gott sich seinem Volk, den Juden, offenbart hat. Das heißt, er hat sich seinem Volk gezeigt. Deshalb wird das Judentum auch als Offenbarungsreligion bezeichnet.

A2 Besprecht, welche Wörter euch wichtige Informationen über das Judentum geben. Achtet auf Fremdwörter und Zahlen. Unterstreicht alle wichtigen Wörter oder markiert sie mit Textmarker.

A3 Gestaltet nun ein Plakat mit allen wichtigen Informationen, die ihr bislang über das Judentum erhalten habt. Zur Plakatgestaltung gehören …

- eine großgeschriebene Überschrift, die euer Thema benennt (hier: „Das Judentum").
- alle Informationen, die ihr zu diesem Thema wichtig findet, als Stichworte (keine vollständigen Sätze aus dem Text abschreiben).
- Bilder und Zeichnungen, die helfen, eure Stichworte gut zu verstehen.

LS 02 Die Juden – das auserwählte Volk Gottes

		Zeitrichtwert	Lernaktivitäten	Material	Kompetenzen
1	PL	5'	L gibt einen Überblick über den Ablauf der bevorstehenden Stunde.		– Begriff „das auserwählte Volk Gottes" kennen und die Bedeutung erfassen – Begriffe aus der Geschichte des Judentums und deren Bedeutung kennen – sinnentnehmend lesen – wichtige Textstellen erkennen und markieren – zielgerichtet arbeiten und kooperieren – Entscheidungen treffen – diskutieren und eigene Meinung vertreten – einen Spickzettel erstellen – einen Kurzvortrag vorbereiten und vortragen – Quizkärtchen zu einem Sachthema entwickeln
2	EA	15'	S lesen den Sachtext „Die Juden – das auserwählte Volk Gottes", markieren Schlüsselwörter und notieren eventuell auftretende Fragen.	M1.A1–3	
3	GA	15'	In Zufallsgruppen vergleichen die S ihre markierten Schlüsselwörter und besprechen die notierten Fragen.	M1	
4	GA	25'	S erstellen Spickzettel mit Stichwörtern zu allen wichtigen Textstellen und bereiten mithilfe der Spickzettel einen Kurzvortrag zum erarbeiteten Thema vor.	M1, Zettel im DIN-A6-Format	
5	PL	20'	Ausgeloste Gruppensprecher tragen die Kurzreferate vor. S geben Feedback zu Inhalt und Präsentation der Kurzreferate.		
6	EA/HA	10'	S erstellen Quizkärtchen mit Fragen zum Inhalt des Sachtextes.	M1, Karteikärtchen	

Merkposten
Für die Bildung der Zufallspaare und Zufallsgruppen sind geeignete Losgegenstände (Kartenspiel, Paar-, Ziffern- oder Buchstabenkarten) mitzubringen. Gleiches gilt für das Auslosen der Gruppensprecher.

Tipp
Die Präsentation des Kurzvortrags kann auch im Tandem erfolgen.

Es bietet sich an, die Präsentationsregeln, die die Grundlage des Schülerfeedbacks bilden, zu wiederholen bzw. bei untrainierten Lerngruppen vorab einzuführen.

Das Thema dieser Religionsstunde kann mit der Stationenrallye zum Leben Abrahams aus dem Band „Altes Testament – Neues Testament" (BN 09236) der Klippert-Reihe vertieft werden.

Erläuterungen zur Lernspirale

Ziel der Doppelstunde ist die Erarbeitung eines Kurzvortrags zum Thema „Die Juden – das auserwählte Volk Gottes". Der Kurzvortrag wird kleinschrittig in einem mehrstufigen Verfahren zunächst in Einzelarbeit vorbereitet und in Gruppenarbeit weiterentwickelt, sodass die Inhalte bis zur Präsentation mit anschließender Feedbackrunde immer tiefer von den Schülern erschlossen werden.

Zum Ablauf im Einzelnen:
Im **1. Arbeitsschritt** erläutert der Lehrer das Vorgehen für die folgende Stunde. Er verweist darauf, dass die Schüler im **2. Arbeitsschritt** zunächst in stiller Einzelarbeit den einführenden Text von M1 lesen, eventuell auftretende Fragen zum Text notieren und Schlüsselwörter laut Arbeitsauftrag markieren.

Die Schüler vergleichen im **3. Arbeitsschritt** in Zufallsgruppen ihre markierten Textstellen und besprechen die notierten Fragen.

Anschließend arbeiten die Schüler im **4. Arbeitsschritt** in den gleichen Arbeitsgruppen weiter. Sie erstellen Spickzettel mit Stichwörtern zu allen wichtigen Textstellen und bereiten mithilfe dieser Spickzettel einen Kurzvortrag vor.

Im **5. Arbeitsschritt** tragen ausgeloste Gruppensprecher die Kurzreferate im Plenum vor. Ein vom Lehrer moderiertes Feedback der Schüler zu Inhalt und Form der Präsentation schließt sich jeweils an.

In einem **6. Arbeitsschritt,** der auch als Hausaufgabe aufgegeben werden kann, erstellen die Schüler Quizkärtchen zum Inhalt des grundlegenden Sachtextes mit Fragen auf der Vorderseite und den entsprechenden Antworten auf der Rückseite der Karteikärtchen. Diese Quizfragen können sowohl als Einstieg in der nächsten Religionsstunde genutzt werden, als auch als Lernkärtchen zur Vorbereitung eines Tests zum Thema dienen.

Notizen:

02 Die Juden – das auserwählte Volk Gottes

A1 Lies den Text.

Die Juden – das auserwählte Volk Gottes

Die Geschichte des jüdischen Volkes können wir in der hebräischen Bibel nachlesen. Die Juden nennen diese hebräische Bibel Tanach. Dort steht, dass Gottes Geschichte mit seinem auserwählten Volk mit Abraham beginnt. Zu ihm sagt Gott eines Tages, dass er sich auf die Reise in das Land Kanaan begeben soll. Er verspricht Abraham, dass er ihn zum Stammvater seines Volkes machen wird und verlangt dafür von ihm und seinen Nachfahren Gehorsam und Treue. Abraham vertraut Gott und hört auf ihn. Er zieht mit seiner Frau Sara, Verwandten, Dienern und seinen Herden los. Abraham ist schon 75 Jahre alt und die Reise ist lang und beschwerlich. Doch schließlich kommen sie in das Land Kanaan, das heute Israel heißt. Dieses Land gibt Gott Abraham. Er spricht es ihm und seinen Nachkommen zu. Abraham freut sich über Gottes Zusage, dass er und seine Frau Sara ein Kind bekommen sollen. Doch die Jahre vergehen. Abraham ist bereits hundert Jahre und seine Frau neunzig Jahre alt. Beide glauben nicht mehr daran, dass sie noch Eltern werden können, obwohl Gott Abraham so viele Nachkommen versprochen hat, wie nachts Sterne am Himmel zu sehen sind. Gott jedoch erneuert seine Zusage und verspricht Abraham, dass seine Frau Sara einen Sohn zur Welt bringen wird. Und so bekommt Sara noch im gleichen Jahr einen Sohn, den sie Isaak nennen.

Gottes Zusage gilt nun Isaak und allen seinen Nachkommen, so wie Gott es Abraham versprochen hat. Als Isaak erwachsen ist, heiratet er Rebekka und die beiden bekommen zwei Söhne. Dem jüngeren Sohn, der Jakob heißt, gibt Gott den Namen Israel. Das bedeutet Gotteskämpfer. Daher kommt der Name „das Volk Israel" für die Nachkommen Jakobs. Sie verstehen sich als das von Gott auserwählte Volk, denn Gott hat zu Abraham gesprochen und ihn als Stammvater für sein Volk ausgesucht.

Einer von Jakobs zwölf Söhnen heißt Juda. Deshalb werden Judas Nachkommen Juden genannt. Später werden alle Angehörigen des Volkes Israel Juden genannt.

A2 Markiere wichtige Stellen mit einem Textmarker oder unterstreiche sie.

A3 Notiere dir Fragen, wenn dir etwas unklar ist und du eine Textstelle oder ein Wort nicht verstehst.

LS 03 Judentum

LS 03 Die Heiligen Schriften der Juden

		Zeitrichtwert	Lernaktivitäten	Material	Kompetenzen
1	PL	5'	L gibt einen Überblick über den Ablauf der bevorstehenden Stunde.		– die wichtigsten Heiligen Schriften der Juden kennenlernen – sinnentnehmend lesen – wichtige Textstellen erkennen und markieren – zielgerichtet arbeiten und kooperieren – ein Merkheft gestalten – eigene Formulierungen zum Zehnwort entwickeln und aufschreiben
2	EA	15'	S lesen den Text „Die Heiligen Schriften der Juden", markieren die Namen der verschiedenen Schriften, notieren mögliche Fragen und lösen das Rätsel.	M1.A1–4, Textmarker	
3	PA	10'	S vergleichen ihre Lösungen im Lerntempoduett und klären mögliche Fragen.	M1	
4	PA	25'	S gestalten mit einem zugelosten Partner im Tandem ein Merkheftchen zu den Heiligen Schriften des Judentums.	M1, M2.A1–4, Stifte	
5	GA	15'	Je zwei Tandems stellen sich ihr Merkheft gegenseitig vor.	Merkheft	
6	EA/HA	20'	S ergänzen das Zehnwort in ihrem Merkheft mit einer eigenen Formulierung der Gebote.	Merkheft	

✓ Merkposten

Für die Bildung der Zufallspaare sind geeignete Losgegenstände (Kartenspiel, Paar-, Ziffern- oder Buchstabenkarten) mitzubringen.

Tipp

Zur anschaulichen Vermittlung des Lernstoffs dieser Unterrichtsstunde empfiehlt es sich, Bilder von jüdischen Schriften, Originalbücher mit jüdischen Schriften und christliche Bibeln bereitzulegen. Hieraus kann ein Angebotstisch zum Thema der Makrospirale entstehen, der im Laufe der folgenden Lernspiralen, gegebenenfalls auch durch die Recherche und Mitarbeit der Schüler, ergänzt wird. So können die Schüler Gemeinsamkeiten der Tora und des Alten Testaments selbst entdecken.

Erläuterungen zur Lernspirale

Ziel der Doppelstunde ist das Kennenlernen der wichtigsten Heiligen Schriften des Judentums. Die Schüler erwerben handlungsorientiert Wissen über die Einteilung, Namen und Inhalte der Heiligen Schriften der Juden und vertiefen ihre neu erworbenen Kenntnisse durch das Erstellen eines Merkheftes zum Thema.

Zum Ablauf im Einzelnen:
Im **1. Arbeitsschritt** erläutert der Lehrer das Vorgehen für die folgende Stunde. Er verweist darauf, dass die Schüler im **2. Arbeitsschritt** zunächst in stiller Einzelarbeit den einführenden Text lesen, die Namen der verschiedenen Schriften markieren, mögliche Fragen notieren und das Rätsel dazu lösen.

Im **3. Arbeitsschritt** vergleichen die Schüler ihre Lösungen im Lerntempoduett. Hierzu steht ein Schüler, sobald er mit seiner Aufgabe fertig ist, auf und signalisiert so, dass er einen Lernpartner sucht. Der nächste Schüler, der fertig ist, vergleicht seine Lösung mit der des ersten Schülers, korrigiert sie gegebenenfalls und klärt mit ihm mögliche Fragen, die er sich notiert hat. Danach bieten sich beide Schüler mindestens einem weiteren Lernpartner an. Bevor der Lehrer die Tandempartner zulost, bietet es sich an, evtl. offen gebliebene Fragen in einem Unterrichtsgespräch zu klären.

Im Anschluss daran gestalten die Schüler mit einem zugelosten Tandempartner im **4. Arbeitsschritt** ein Merkheft zu den Heiligen Schriften der Juden. Hierzu steht ihnen M2 als Arbeitshilfe zur Verfügung. Die Tandempartner besprechen gemeinsam die Vorgehensweise und beraten, welche Informationen sie im Merkheft notieren wollen. Dann gestalten beide Tandempartner ein eigenes Merkheft.

Je zwei Tandems stellen sich ihre Merkhefte im **5. Arbeitsschritt** gegenseitig vor.

Es schließt sich eine stille Einzelarbeit im **6. Arbeitsschritt** an, die als Hausaufgabe fortgesetzt und beendet werden kann. Die Schüler ergänzen in diesem Arbeitsschritt das Zehnwort in ihrem Merkheft mit einer eigenen Formulierung der Gebote.

Die Präsentation und Würdigung der Arbeitsergebnisse erfolgt als Einstieg in der nächsten Religionsstunde.

Notizen:

03 Die Heiligen Schriften der Juden

A1 Lies den Text.

Die Heiligen Schriften der Juden

Die beiden wichtigsten Bücher des Judentums sind die jüdische Bibel und der Talmud. Die jüdische Bibel heißt auf hebräisch Tanach.

Sie besteht aus 39 Büchern und ist in drei Teile gegliedert. Den ersten Teil bildet die Tora. Sie besteht aus fünf Büchern. Die Juden glauben, dass Mose die Tora auf dem Berg Sinai von Gott erhalten hat. Darin steht geschrieben, wie Gott die Welt erschaffen und die Juden zu seinem Volk auserwählt hat. Auch Gesetze und Anweisungen, wie die Juden leben sollen, finden sich in den Texten der Tora. Dazu gehört das Zehnwort der Juden, das die Christen die Zehn Gebote nennen. Wenn in den Gottesdiensten der Juden aus der Tora vorgelesen wird, verwenden sie dazu kein gedrucktes Buch. Wie in alten Zeiten gibt es in den Synagogen* die Tora als Schriftrolle, die auch heute noch von einem Schreiber per Hand geschrieben wird. Dafür braucht ein Schreiber länger als zwei Jahre.

Der zweite Teil der jüdischen Bibel besteht aus den prophetischen Büchern und den Geschichtsbüchern. Diese Bücher heißen auf Hebräisch Newiim. Sie enthalten die Berichte von Frauen und Männern, zu denen Gott gesprochen hat, damit sie dem jüdischen Volk verkündeten, was Gott ihnen Wichtiges zu sagen hatte.

Der dritte Teil enthält die Schriften. Der hebräische Name für die Schriften lautet Ketuwim. Die Schriften enthalten 150 Psalmen und Weisheitsgeschichten. Die Psalmen sind wichtige Gebete, die die Juden auch heute noch beten.

Der Talmud enthält viele Erklärungen und Geschichten, die den Juden helfen, die Hebräische Bibel – den Tanach – richtig zu verstehen. Das sagt schon der Name, denn Talmud bedeutet „Belehrung". Er belehrt die Juden, wie sie leben sollen und erklärt, wie die 613 Gebote zu verstehen sind, die in der Tora stehen.

* Die Gotteshäuser der Juden nennt man Synagogen.

A2 Unterstreiche oder markiere im Text alle Namen der Heiligen Schriften der Juden.

A3 Notiere dir Fragen, wenn dir etwas unklar ist und du etwas nicht verstehst.

A4 Trage die Antworten in das Gitterrätsel ein. In jedes Kästchen kommt ein Buchstabe. Die Buchstaben in den fettgedruckten Kästchen ergeben das Lösungswort zur letzten Frage.

1. Wie lautet der hebräische Name der jüdischen Bibel? (Nr. 4)
2. Wie werden die ersten fünf Bücher der jüdischen Bibel genannt? (Nr. 5)
3. Aus wievielen Teilen besteht die jüdische Bibel? (Nr. 1)
4. Wie nennen die Juden die Zehn Gebote? (Nr. 3)
5. In welcher Form gibt es die Tora in den Synagogen? (Nr. 2)
6. Wie heißt der zweite Teil der jüdischen Bibel auf Hebräisch? (Nr. 7)
7. Wie heißt der dritte Teil der jüdischen Bibel auf Hebräisch? (Nr. 6)
8. Was bedeutet „Talmud" auf Deutsch? Lösungswort: B _ _ _ _ _ _ _ G

Judentum

Merkheft

Damit ihr euch die Namen der Heiligen Schriften der Juden und die wichtigsten Informationen dazu besser merken könnt, gestaltet ihr euch nun ein **Merkheft**. Dort könnt ihr nachschauen, wenn ihr etwas nicht mehr genau wisst.

A1 Schneidet die Seiten eures Merkhefts aus.

A2 Gestaltet die Titelseite und die Überschriften farbig.

A3 Überlegt, welche Stichworte ihr zu den Überschriften notieren möchtet, damit ihr in eurem Merkheft alle wichtigen Informationen dazu findet.

A4 Notiert eure Stichworte auf den Linien und fügt eine Zeichnung hinzu, die zum Inhalt passt.

Die Heiligen Schriften der Juden

Tanach

Tora

Newiim

Ketuwim

Talmud

4

5

Das Zehnwort

1. Du sollst keine anderen Götter neben mir haben.
2. Du sollst dir kein Bild von Gott machen.
3. Du sollst den Namen deines Gottes nicht missbrauchen.
4. Du sollst den Sabbat heiligen.
5. Du sollst Vater und Mutter ehren.
6. Du sollst nicht morden.
7. Du sollst nicht die Ehe brechen.
8. Du sollst nicht stehlen.
9. Du sollst nicht gegen deinen Nächsten falsch aussagen.
10. Du sollst nicht nach Hab und Gut deines Nächsten verlangen.

6

Das Zehnwort kennen die Christen als die Zehn Gebote. Du kannst sie im Alten Testament (2. Mose 20,1–17) nachlesen. Entdeckst du Unterschiede?

Schreibe ein Gebot, das du besonders wichtig findest, in deinen eigenen Worten auf.

7

LS 04 Judentum

LS 04 So beten die Juden

		Zeitrichtwert	Lernaktivitäten	Material	Kompetenzen
1	PL	5'	L gibt einen Überblick über den Ablauf der bevorstehenden Stunde.		– Begriffe und Rituale des jüdischen Gebets kennen – Begriffe und Rituale des christlichen Gebets kennen – in Gebetbüchern und der Bibel nachschlagen und recherchieren – sinnentnehmend lesen – zielgerichtet arbeiten und kooperieren – Entscheidungen treffen – diskutieren und eigene Meinung vertreten
2	EA	15'	S lesen Text, schneiden Pappfigur und einzelne Gegenstände aus und kleben sie auf die Figur.	M1.A1–4	
3	PL	15'	S pinnen ihre Pappfiguren im Rahmen einer Stafettenpräsentation an die Tafel.	Figuren, Tafel, Magnete	
4	GA	35'	S erhalten drei Karten mit Informationen zum jüdischen Gebet, lesen und besprechen diese. An diese Inhalte anknüpfend erstellen sie drei Informationskarten zum christlichen Gebet und recherchieren hierzu in der Bibel und in Gebetbüchern.	M2, Gebetbücher, Bibeln	
5	PL	20'	S präsentieren ihre Informationskarten auf dem Boden in Form eines Informationsspaziergangs.	M2, Infokarten der Schüler	

Merkposten

Für die Gruppenarbeit im 4. Arbeitsschritt stellt der Lehrer ausreichend Bibeln und unterschiedliche Gebet- und Gesangsbücher bereit.

Zudem bittet er die Schüler, eigene Gesangsbücher und Bibeln mitzubringen, wodurch der persönliche Bezug zum Thema bereits vorab hergestellt werden kann.

Tipp

Es empfiehlt sich, die Figur und die Gegenstände von M1 auf festes Papier zu kopieren.

Für den Informationsspaziergang im 5. Arbeitsschritt werden die Informationskarten vergrößert und auf festes Papier kopiert.

Erläuterungen zur Lernspirale

Ziel der Doppelstunde ist das Kennenlernen wichtiger Aspekte des jüdischen Gebets und in Anknüpfung daran die Reflexion der eigenen christlichen Gebetsrituale. In einem mehrstufigen Abeitsprozess recherchieren die Schüler hierzu in der Bibel sowie in Gebet- und Gesangsbüchern und erhalten die Gelegenheit, persönliche Erfahrungen einfließen zu lassen und zum Ausdruck zu bringen.

Zum Ablauf im Einzelnen:

Im **1. Arbeitsschritt** erläutert der Lehrer das Vorgehen für die folgende Stunde. Er verweist darauf, dass die Schüler im **2. Arbeitsschritt** zunächst in stiller Einzelarbeit den Sachtext „Wie beten Juden?" lesen, die Pappfigur von M1 ausschneiden sowie die Gegenstände, die dazu abgebildet sind, und diese dann, wie im Text beschrieben, auf die Pappfigur kleben. Sind manche Schüler schneller fertig, können sie die Pappfiguren in der Zwischenzeit farbig gestalten.

Im **3. Arbeitsschritt** pinnen die Schüler ihre Pappfiguren dann im Rahmen einer Stafettenpräsentation mit Magneten oder Klebestreifen an die Tafel. Hierbei wiederholen sie die Bezeichnungen für die Gegenstände, die die Juden zum Gebet tragen.

Für die Gruppenarbeit im **4. Arbeitsschritt** werden Zufallsgruppen mit je drei Schülern gebildet. Die Gruppen erhalten jeweils drei Karten mit Informationen zum jüdischen Gebet und drei Karten mit einer Überschrift und Linien. Je eine ausgefüllte und eine mit leeren Linien bedruckte Karte gehören zusammen, erkennbar an der Überschrift. Es handelt sich um eine arbeitsgleiche Gruppenarbeit. Die Gruppenmitglieder lesen die Informationen der ersten Karte laut vor, besprechen den Inhalt miteinander und überlegen, welche Informationen sie zum jeweiligen Aspekt des Gebets der Christen haben. Diese Informationen schreiben sie dann auf die dazugehörige Karte mit der entsprechenden Überschrift. Die Schüler ergänzen ihr eigenes Wissen mit der Recherche in Bibeln, Gesangs- und Gebetbüchern.

Im **5. Arbeitsschritt** legt der Lehrer die drei Informationskarten zum jüdischen Gebet in großem Abstand auf dem Boden verteilt aus. Nacheinander legen nun die Gruppen ihre Karten mit den Informationen zum christlichen Gebet themengleich dazu. Dann folgt ein Informationsspaziergang, während dessen die Schüler lesen können, was die anderen Gruppen zu den jeweiligen Aspekten herausgefunden haben. Vom Lehrer moderiert, erfolgt ein Austausch. Es können Verständnisfragen gestellt und persönliche Gedanken geäußert werden.

Notizen:

04 So beten die Juden

A1 Lies den Text.

Wie beten Juden?

Zum Morgengebet ziehen jüdische Männer *Gebetsriemen* an. Diese *Gebetsriemen* heißen **Tefillin.** Sie sind aus Leder. An den Riemen sind kleine, eckige *Kapseln*, ebenfalls aus Leder, befestigt. In diesen *Kapseln* befinden sich Verse aus der Tora, die auf kleine Pergamentstücke geschrieben sind. Es gibt Tefillin für den Kopf, den Oberarm und die Hand. Die *Kapsel* für den Kopf wird auf der Stirn getragen. Der Tefillin für den Oberarm wird am linken Arm so festgewickelt, dass die *Kapsel* direkt vor dem Herzen liegt. In einigen Gemeinden tragen auch die Frauen Tefillin zum Gebet.

Außerdem tragen die Juden zum Gebet eine *Kappe*, um ihren Respekt vor Gott, der nach jüdischem Verständnis über den Menschen steht, auszudrücken. Diese nennt man **Kippa**.

Ein Gebetsschal, der **Tallit**, gehört ebenfalls zur vollständigen Gebetskleidung eines Juden.

A2 Welche drei Gegenstände gehören zur Gebetskleidung der Juden?

A3 Schneide die Figur des betenden Juden und die Gegenstände aus.

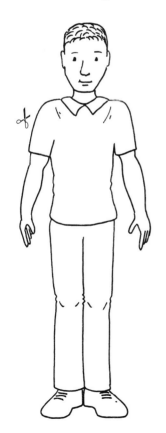

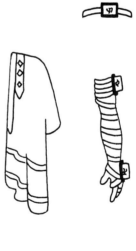

A4 Lege die Gegenstände so auf die Figur, wie es im Text beschrieben ist, und klebe sie auf.

Informationskarten zum jüdischen Gebet

1. Beten im Judentum – Dienst des Herzens

Für religiöse Juden ist das Gebet sehr wichtig. Sie nennen das Gebet Dienst des Herzens und beten mindestens dreimal am Tag: morgens, nachmittags und abends. Es ist nicht vorgeschrieben, ob sie sich mit persönlichen Worten an Gott wenden oder ob sie nach einem vorgegebenen Text aus einem Gebetbuch beten. Außerdem beten viele Juden vor dem Essen, wenn sie sich neue Kleidung gekauft haben und wenn sie einen Regenbogen sehen.

1. Beten im Christentum

Wann, wo und wie beten Christen? Ist das Gebet für Christen ebenso wichtig wie für Juden?

2. Wichtige Gebete der Juden

Das wichtigste Gebet der Juden ist das **Schma' Jisrael (Höre Israel)**. Es steht in der Tora und ist das *Glaubensbekenntnis der Juden*, das in hebräischer Sprache geschrieben ist. Der ins Deutsche übersetzte Anfang lautet so:
Höre Israel! Gott ist einzig,
darum sollst du ihn lieben mit ganzem Herzen,
mit ganzer Seele und mit ganzer Kraft!
Zwei weitere wichtige Gebete der Juden sind das **Kaddisch** und das **Amida**. Mit dem **Kaddisch** loben die Juden Gott. Sie sprechen es in ihren Gottesdiensten und am Totenbett. Deshalb heißt es auch Totengebet. Das **Amida** wird im Stehen gesprochen und enthält achtzehn Bitten. Es wird daher auch das **Achtzehnbittengebet** genannt.

2. Wichtige Gebete der Christen

Welche wichtigen Gebete gibt es im Christentum? Wann und wo werden sie gesprochen?

3. Zeichen des Glaubens an und in Gebäuden – die Mesusa

Die **Mesusa** ist eine Kapsel, in der die ersten Verse des **Schma' Jisrael** auf Pergament enthalten sind. Diese Kapseln werden an den Türpfosten von Häusern und Wohnungen befestigt und auch an Stadttoren. Die **Mesusa** erinnert die Juden daran, dass Gott immer da ist und so ihr Haus gesegnet wird. Deshalb berühren sie die Kapsel beim Hinein- und Hinausgehen mit der Hand oder küssen sie.

3. Zeichen des christlichen Glaubens an und in Gebäuden

Gibt es bei den Christen auch Gegenstände, die an Türen oder Wänden angebracht sind und an Gott erinnern? Welche?

LS 05 Jüdische Feste im Jahreskreis

		Zeitrichtwert	Lernaktivitäten	Material	Kompetenzen
1	PL	5'	L gibt einen Überblick über den Ablauf der bevorstehenden Stunde.		– religiöse Feste des Judentums benennen, ihren Ursprung und dazugehörige Rituale kennen – einen „Fest-Steckbrief" erstellen – sinnentnehmend lesen – zielgerichtet arbeiten und kooperieren – einen Fragebogen bearbeiten
2	EA	15'	S hören Lehrervortrag über den Sabbat und ergänzen dazu eine Bildvorlage.	M1, M2	
3	PA	15'	S stellen ihre Bilder im Doppelkreis vor.	Zeichnung	
4	GA	25'	S lesen in arbeitsteiliger Gruppenarbeit Texte zu jeweils einem religiösen Fest der Juden und erstellen einen Steckbrief mit den wichtigsten Informationen dazu.	M3.A1–5, M4, M5	
5	PL	20'	S präsentieren ihre Steckbriefe an der Tafel.	M6	
6	EA	10'	S füllen Fragebogen zu christlichen Festen aus.	M7	

Erläuterungen zur Lernspirale

Ziel der Doppelstunde ist die mehrstufige Erarbeitung eines Grundwissens über Namen und Ursprung religiöser Feste des Judentums und der dazugehörigen Rituale.

Zum Ablauf im Einzelnen:
Im **1. Arbeitsschritt** erläutert der Lehrer das Vorgehen für die folgende Stunde. Er verweist darauf, dass die Schüler im **2. Arbeitsschritt** zunächst einen Lehrervortrag über den Sabbat hören, währenddessen sie eine Bildvorlage zum Thema ausmalen und vervollständigen.

Die Bilder stellen die Schüler sich im **3. Arbeitsschritt** im Doppelkreis gegenseitig vor.

Für die Gruppenarbeit im **4. Arbeitsschritt** werden Zufallsgruppen mit je drei Schülern gebildet. In arbeitsteiliger Gruppenarbeit lesen die Schüler einen Text zu einem religiösen Fest der Juden. Hierzu erhält jeder Schüler eine eigene Textkarte. Die Schüler lesen den Text zunächst laut und satzweise abwechselnd vor. Dann markieren sie wichtige Textstellen und klären Verständnisfragen miteinander. Danach erstellen sie anhand von M4 gemeinsam einen Steckbrief zum jeweiligen Fest.

Im **5. Arbeitsschritt** präsentieren die Schüler die Steckbriefe zu den Festen an der Tafel. Hierfür hat der Lehrer an der Tafel die Überschrift der Feste in der Reihenfolge des Ablaufs des jüdischen Kalenders angeschrieben. Darunter schreiben die Schüler die Stichworte ihrer Steckbriefe und stellen sie dann in chronologischer Reihenfolge im Plenum vor. Die Anschrift an die Tafel kann bereits gegen Ende des 4. Arbeitsschritts erfolgen, sobald die jeweiligen Steckbriefe fertiggestellt sind.

Abschließend füllen die Schüler im **6. Arbeitsschritt** einen Fragebogen aus, dessen Thema die christlichen Feste im Jahreslauf sind. So wird der Bezug zur eigenen Lebenswirklichkeit hergestellt. In der folgenden Religionsstunde sollte die Möglichkeit des Austauschs über die Bearbeitung der Fragebögen eingeplant werden.

Tipp
Bei größeren Lerngruppen werden einige Texte doppelt vergeben. Dann wird ausgelost, welche Gruppe das jeweilige Fest vorstellt. Die zweite Gruppe kann die Präsentation ergänzen.

Die Steckbriefe können zu einem Klappkalender zusammengeheftet und im Klassenraum aufgehängt werden, sodass im Laufe des Schuljahres immer wieder darauf Bezug genommen werden kann.

Eine Vorlage, nach der das Purimfest mit den Schülern nachgespielt werden kann, enthält der Band „Vorbilder der Bibel/Personen des Glaubens" (BN 09201) der Klippert-Reihe.

Notizen:

05 Jüdische Feste im Jahreskreis

LS 05.M1 – Lehrervortrag

Der Sabbat

Der **Sabbat** ist der wichtigste Feiertag des Judentums. Nach dem biblischen Schöpfungsbericht hat Gott an sechs Tagen die Welt erschaffen und am siebten Tag geruht. Auch der Mensch soll nach Gottes Willen am siebten Tag der Woche ruhen. In diesem Sinne ist der Sabbat ein Tag der Ruhe und des Gebets. Er dient dazu, Gott zu loben und zu ehren. Nur sehr wichtige Tätigkeiten sind erlaubt. Jüdische Krankenschwestern, Ärztinnen, Polizisten und Menschen mit anderen Berufen, die immer benötigt werden, haben nicht immer frei. Alle anderen dürfen an diesem Tag nicht arbeiten. Sogar das Essen wird bei strenggläubigen Juden bereits am Freitag vorbereitet.

Weil die jüdische Woche am Sonntag beginnt, ist der Samstag also der siebte Tag der Woche und somit ihr Ruhetag, der **Sabbat**. Da nach jüdischem Verständnis der neue Tag bereits bei Sonnenuntergang anfängt, beginnt der Sabbat am Freitagabend und endet am Samstagabend.

Am Freitagabend beginnt der Sabbat mit dem ersten von drei Gottesdiensten in der Synagoge. Die beiden anderen Gottesdienste finden am Samstagmorgen und am Samstagnachmittag statt. Zudem treffen sich die Gläubigen zum Studieren der Tora.

Nach dem Gottesdienst am Freitagabend versammelt sich die Familie schön angezogen und frisch gewaschen zu Hause um den festlich gedeckten Tisch. Der Vater und die Söhne tragen die Kippa. Die Mutter zündet die beiden Sabbatkerzen an und hält ihre Hände erst über die Kerze und dann vor das Gesicht. Der Vater spricht ein Gebet und segnet die Kinder und seine Frau. Danach setzt sich die Familie an den Tisch und beginnt das Sabbatmahl. Oft sind dazu auch Gäste eingeladen, die keine Familie haben.

LS 05.M2 – Bildvorlage

LS 05.M3 Die religiösen Feste des Judentums – Arbeitsaufträge

A1 Lest den Text laut vor. Wechselt euch dabei satzweise ab.

A2 Markiert wichtige Stellen mit Textmarker oder unterstreicht sie.

A3 Notiert Fragen, wenn euch etwas unklar ist oder ihr ein Wort nicht versteht.

A4 Klärt offene Fragen in der Gruppe.

A5 Erstellt einen Steckbrief zu dem Fest, das in eurem Text beschrieben ist.

LS 05.M4 Steckbrief

Wie heißt das Fest?

_____

Wann wird das Fest gefeiert?

_____
_____

Woran erinnert das Fest? Weshalb wird es gefeiert?

_____
_____
_____
_____

Wie wird das Fest gefeiert?

_____
_____
_____
_____
_____

Rosch ha-Shana (Text 1)

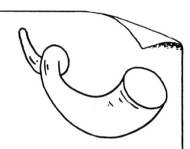

Rosch ha-Schana ist das **jüdische Neujahrsfest**. Es liegt im September und dauert zwei Tage. Das jüdische Neujahrsfest ist ein stilles Fest. Es erinnert an die Schöpfung Gottes und daran, dass Gott über alle Taten der Menschen Gericht hält. Zum Morgengebet wird der Schofar, ein Widderhorn, geblasen. Am Nachmittag beten die Juden um die Vergebung der Sünden. Sie werfen dabei kleine Brotstückchen ins Wasser. Die Brotstückchen stehen symbolisch für die Sünden der betenden Menschen, die sie damit sozusagen „fortwerfen". Dieser Brauch erinnert an den Propheten Micha, der gesagt hatte: „Und all ihre Sünden wirst du (damit meinte er Gott) ins tiefe Meer werfen." Nach jüdischem Verständnis gibt Gott ihnen die Möglichkeit zur Umkehr, wenn sie im vergangenen Jahr unrechte Dinge getan haben: Sie müssen in den folgenden zehn Tagen ihre Fehler bereuen und sich darüber Gedanken machen, wie sie wieder gutmachen können, was sie an unrechten Taten begangen haben. Außerdem sollen sie sich mit Mitmenschen, die sie im vergangenen Jahr geärgert oder verletzt haben, versöhnen. Dazu gehört auch, dass sie sich vornehmen, im neuen Jahr solche unrechten Dinge nicht wieder zu tun.

Jom Kippur (Text 2)

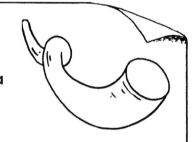

Jom Kippur ist der höchste jüdische Feiertag. Mit **Jom Kippur** endet die zehntägige Reuezeit, die sich dem Neujahrsfest **Rosch ha-Shana** anschließt. **Jom Kippur** wird auch Versöhnungstag genannt. Das ist jedoch nicht richtig, denn die korrekte Übersetzung lautet **Tag der Bedeckung**. Damit ist gemeint, dass Gott die Sünden vergibt und zudeckt, wenn die Menschen ihre unrechten Taten wirklich bereuen.
Es ist ein stiller Feiertag, an dem die erwachsenen Juden den ganzen Tag fasten und viele Stunden in der Synagoge beten. Sie bitten Gott um Vergebung für die unrechten Taten, die sie begangen haben. Am Ende des Tages wird der Schofar, ein Widderhorn, geblasen. Die Juden glauben, dass Gott an Jom Kippur über ihr Leben richtet. Mädchen ab 12 Jahren dürfen auch schon mitfasten, wenn sie bereits ihre Bat Mizwa gefeiert haben. Für Jungen ab 13 Jahren gilt dasselbe, wenn sie schon ihre Bar Mizwa gefeiert haben. Mit der Feier der Bat Mizwa (Mädchen) und der Bar Mizwa (Jungen) gelten die Mädchen und Jungen als vollwertige Mitglieder der jüdischen Gemeinde und werden aus religiöser Sicht als erwachsen angesehen. Kinder ab 9 Jahren dürfen einige Stunden mitfasten, jüngere Kinder noch nicht.

Sukkot (Text 3)

Sukkot ist das **Laubhüttenfest**. Es findet fünf Tage nach **Jom Kippur** statt und ist ein fröhliches Fest, auf das die Kinder sich sehr freuen. Die Familien bauen in ihrem Garten oder auf ihrem Balkon eine **Sukka**. Die **Sukka** ist eine Laubhütte, deren Bau daran erinnern soll, dass die Vorfahren der Juden auf der Flucht aus Ägypten durch die Wüste 40 Jahre lang ohne feste Häuser leben mussten. Ohne den Schutz eines Hauses vor Kälte, Wind und anderen Gefahren vertrauten sie damals allein auf Gott, der sie beschützte. Deshalb essen und schlafen die Familien während der sieben **Sukkot-Tage** auch heute noch in den Laubhütten und erinnern sich daran, dass sie bei Gott immer Zuflucht und Hilfe finden können, egal wie schwierig das Leben manchmal auch sein kann.

Chanukka (Text 4)

Chanukka ist das **Lichterfest**. Es wird immer im November oder Dezember gefeiert und dauert acht Tage. An diesem Fest freuen sich die Juden darüber, dass es ihren Vorfahren gelang, Fremde aus ihrem Land zu vertreiben, die damals über sie herrschten. Nachdem die Fremden vertrieben waren, wurde der Tempel wieder eingeweiht. Dabei geschah der Legende nach ein Lichtwunder: Das *Ewige Licht* wurde im Tempel angezündet. Aber das geweihte Öl reichte eigentlich nur für einen Tag. Trotzdem brannte die Lampe acht Tage, also so lange, bis es wieder geweihtes Öl gab. Das ist auch der Grund dafür, dass der **Chanukkaleuchter** neun Arme hat. Er trägt acht Kerzen für die acht Tage, für die das Öl ausgereicht hat und eine Dienerkerze, mit der jeden Tag eine weitere Kerze angezündet wird. Auf **Chanukka** freuen sich besonders die Kinder, denn sie bekommen an diesem Fest Geschenke und Süßigkeiten. Diese können sie sich mit dem Chanukka-Kreisel (Dreidel) erspielen.

Purim (Text 5)

Purim heißt **Los** und ist ein fröhliches Fest, das daran erinnert, dass die Königin Esther vor langer Zeit das jüdische Volk vor dem Tod bewahrte. Esther war die jüdische Ehefrau des persischen Königs Xerxes. Sie setzte sich bei Xerxes für ihr Volk ein und rettete die Juden so vor dem bösen Haman, der sie umbringen lassen wollte. Wenn heute an **Purim** die Geschichte von Esther in der Synagoge vorgelesen wird, klappern die Gläubigen laut mit Rasseln, wenn der Name Haman ausgesprochen wird. Damit soll das Andenken an den Feind vernichtet werden. An **Purim** ist das Fasten verboten. Die Menschen verkleiden sich und spielen die Geschichte von Esther nach. Es ist üblich, dass jeder mindestens zwei armen Menschen ein Geschenk bringt. Purim findet im Februar oder März statt.

Pessach (Text 6)

Im Frühjahr findet **Pessach** statt. **Pessach** heißt **über etwas Hinwegschreiten**. Das Fest dauert eine Woche. Die Juden erinnern sich daran, wie Gott das Volk Irsael aus der Gefangenschaft in Ägypten befreit und ins *Gelobte Land* geführt hat. Sie beginnen das Fest mit dem **Seder-Abend**. **Seder** bedeutet Ordnung und die Juden feiern diesen Abend nach einer genau festgelegten Reihenfolge. Auf dem Tisch steht der **Seder-Teller**, auf dem immer folgende Speisen liegen: *Ungesäuertes Brot* erinnert daran, dass ihre Vorfahren damals von einem Tag auf den anderen aus Ägypten aufbrechen mussten und ihnen keine Zeit blieb, Sauerteig für ihr Brot anzusetzen. *Bittere Kräuter* erinnern an die schwere Zeit in Ägypten, während der das Volk Israel vom Pharao versklavt wurde. Als Erinnerung an das Lamm, das die Vorfahren Gott am Vorabend des Auszugs aus Ägypten opferten, liegt *ein Stück Fleisch* auf dem Seder-Teller und ein *Ei* steht für neues Leben. Alle Speisen werden in Salzwasser getaucht. Das Salzwasser steht für die Tränen und den Schweiß der Vorfahren während ihrer Zeit als Sklaven in Ägypten.

Nachdem der Vater ein Gebet gesprochen, das Brot gebrochen und verteilt hat, fragt ein Kind: „Warum ist diese Nacht anders als alle anderen Nächte?" Darauf antwortet der Vater mit der Erzählung der Geschichte vom Auszug aus Ägypten.

Judentum

Fragebogen christliche Feste

1. Welche christlichen Feste im Jahreslauf kennst du?

_____
_____
_____
_____
_____
_____

2. Welche christlichen Feste feierst du mit deiner Familie und wie feiert ihr sie?

_____
_____
_____
_____
_____
_____

3. Auf welches Fest freust du dich am meisten und warum ist das so?

_____
_____
_____
_____
_____
_____

LS 06 Jüdische Lebensfeste

		Zeitrichtwert	Lernaktivitäten	Material	Kompetenzen
1	PL	5'	L gibt einen Überblick über den Ablauf der bevorstehenden Stunde.		– Feste im Lebenslauf der Juden und die dazugehörigen Rituale kennen – Feste im Lebenslauf der Christen und die dazugehörigen Rituale kennen – Bezug zum persönlichen Erleben der christlichen Feste herstellen – sinnentnehmend lesen – zielgerichtet arbeiten und kooperieren – Entscheidungen treffen – diskutieren und eigene Meinung vertreten
2	EA	15'	S ordnen Textabschnitte den entsprechenden Bildern zu, notieren Namen von Festen, die den Lebenslauf von Christen prägen, und zeichnen ein Bild dazu.	M1.A1–2	
3	PL	15'	S präsentieren ihre Zuordnungen und Notizen zu den christlichen Festen im Doppelkreis.	M1	
4	GA	35'	S lesen in arbeitsteiliger Gruppenarbeit jeweils die Beschreibung eines jüdischen Fests und gestalten dazu eine Bilddokumentation mit den wichtigsten Szenen der Feste.	M2.A1–3, M3	
5	PL	20'	S präsentieren ihre Arbeitsergebnisse im Galeriegang und geben dabei wichtige Informationen zum Ablauf des jeweiligen Fests an ihre Mitschüler weiter.	M3	
6	EA/HA		S gestalten eine Seite mit gezeichneten oder echten „Schnappschüssen" von den eigenen christlichen Festen ihres Lebenslaufs.	M4.A1–2	

Erläuterungen zur Lernspirale

Ziel der Doppelstunde ist das Kennenlernen wichtiger Feste im Lebenslauf der Juden mit den dazugehörigen Bräuchen. Anknüpfend an die handlungsorientierte Auseinandersetzung mit den jüdischen Ritualen stellen die Schüler den Bezug zu ihrer eigenen Lebenswelt mit christlich geprägten Bräuchen der Feste im Lebenslauf her.

Zum Ablauf im Einzelnen:
Im **1. Arbeitsschritt** erläutert der Lehrer das Vorgehen für die folgende Stunde. Hierbei erklärt er den Schülern die Begriffe „Lebenslauf", „Ritual" und „Brauch". Er verweist darauf, dass die Schüler im **2. Arbeitsschritt** zunächst in stiller Einzelarbeit Textabschnitte den dazugehörigen Bildern von jüdischen Festen zuordnen. Im zweiten Teil des 2. Arbeitsschrittes notieren die Schüler die Namen von Festen, die den Lebenslauf von Christen prägen, und zeichnen ein Bild dazu.

Im **3. Arbeitsschritt** präsentieren die Schüler ihre Zuordnungen, Notizen und Zeichnungen im Doppelkreis. Dabei sitzen oder stehen sich die Schüler in einem Innen- und einem Außenkreis gegenüber und berichten sich wechselseitig, bevor einer der Kreise rotiert und so beliebig viele neue Paarkonstellationen entstehen, in denen der Schülervortrag wiederholt werden kann. Der Austausch fördert die gegenseitige Wahrnehmung und wirkt vertrauensbildend.

Für die Gruppenarbeit im **4. Arbeitsschritt** werden Zufallsgruppen mit je drei Schülern gebildet. Die Schüler lesen in arbeitsteiliger Gruppenarbeit jeweils die Beschreibung eines jüdischen Festes und gestalten dazu „Schnappschüsse" von den wichtigsten Momenten des Festes. Es stehen die Beschreibungen (M2) von drei verschiedenen Festen zur Verfügung. Sie werden entsprechend der Anzahl der Gruppen mehrfach vergeben.

Im **5. Arbeitsschritt** präsentieren die Schüler ihre „Schnappschüsse" im Galeriegang und geben dabei wichtige Informationen zum Ablauf und den Besonderheiten des jeweiligen Fests an ihre Mitschüler weiter. Es wird ausgelost, welche Gruppe mit der Präsentation beginnt. Die Gruppen mit dem gleichen Fest schließen sich an, präsentieren ihre Gestaltung der Schnappschüsse und ergänzen gegebenenfalls die bereits genannten Informationen zu dem Fest.

Der **6. Arbeitsschritt** erfolgt in Einzelarbeit und kann als Hausaufgabe gegeben werden. Die Schüler gestalten eine Seite (M4) mit gezeichneten oder echten „Schnappschüssen" der christlichen Feste ihrer eigenen Familien. Deren Präsentation kann in einer der nächsten Religionsstunden erfolgen. Dabei bietet es sich an, dass der Lehrer ebenfalls eine persönlich gestaltete Seite mit Fotos oder gezeichneten Bildern mitbringt.

✓ Merkposten
Vorbereitend für den 4. Arbeitsschritt schreibt der Lehrer das Wort Schalom an die Tafel, das den Schülern in den Texten zu den Festen begegnen wird. Dazu schreibt er die Erklärung des Wortes. Es ist ein Gruß, kommt aus dem Hebräischen und bedeutet: „Ich hoffe, es geht dir gut und du lebst mit dir und mit anderen im Frieden."

Tipp
Es empfiehlt sich, auf Fragen zum Thema Beschneidung vorbereitet zu sein.

06 Jüdische Lebensfeste

Bild-Text-Zuordnung – Feste im Lebenslauf der Juden

A1 Lies die Texte und betrachte die Bilder.
Verbinde die Texte mit den dazu passenden Bildern.
Um welche Feste handelt es sich?

1. Beschneidung

Am achten Tag nach ihrer Geburt werden Jungen beschnitten, gesegnet und erhalten ihren Namen. Mädchen werden nicht beschnitten. Sie bekommen ihren Namen und den Segen am ersten Sabbat nach ihrer Geburt während des Gottesdienstes in der Synagoge.

2. Bar Mizwa

Jungen feiern mit 13 Jahren ihre Bar Mizwa. An diesem Tag lesen sie zum ersten Mal im Gottesdienst aus der Tora vor.

3. Hochzeit

Während der Trauzeremonie stehen die Braut und der Bräutigam unter der Chuppa, dem Brauthimmel.

4. Beerdigung

Bei einer jüdischen Beerdigung werfen alle Trauernden dreimal mit einer Schaufel Erde in das offene Grab.

A2 Welche Feste im Lebenslauf von Christen kennst du?
Schreibe die Namen der Feste auf und zeichne ein Bild dazu.

Bar Mizwa/Bat Mizwa (Text 1)

A1 Lies den Text.
Markiere die Stellen im Text, die von dem Ablauf und den Ritualen des Festes der Bar Mizwa handeln.

Notiere dir Fragen, wenn du eine Aussage oder ein Wort nicht verstehst.

Schalom,

mein Name ist Daniel und ich möchte euch von meiner **Bar Mizwa** erzählen. Ich konnte meinen 13. Geburtstag kaum abwarten, denn mit 13 Jahren gelten jüdische Jungen als erwachsen und feiern mit ihrer Familie und vielen Gästen ihre Bar Mizwa. Bar Mizwa ist hebräisch und bedeutet **Sohn der Pflicht.** Mit der Feier meiner Bar Mizwa wurde ich in die Gemeinde unserer Synagoge aufgenommen und nun ist es meine Pflicht, die Gebote unseres Glaubens, des Judentums, einzuhalten. Meine Bar Mizwa war ein großes Ereignis für meine Familie. Mein Vater strahlte vor Stolz, als ich im Gottesdienst zum ersten Mal den Gebetsschal tragen und einen Abschnitt aus der Tora vorlesen durfte. Dazu nahm ich einen silbernen Zeigestab und deutete damit auf die Schrift auf der Torarolle. Ich führte ihn von rechts nach links die Zeilen entlang, die ich vorlas, denn im Hebräischen schreibt und liest man von rechts nach links. Danach las ich noch einen Abschnitt aus einem dicken Buch mit heiligen Schriften vor, bevor der Rabbiner, der den Gottesdienst leitete, eine kurze Predigt hielt. Nach dem Gottesdienst beglückwünschten mich alle und wir feierten meine Bar Mizwa mit einem festlichen Essen und vielen Gästen.

Nun steht schon bald wieder ein Fest in unserer Familie an. Meine Cousine wird nächste Woche 12 Jahre alt. Dann feiert sie ihre **Bat Mizwa**, denn Mädchen werden schon mit 12 Jahren mit einer Feier, die so ähnlich wie die Bar Mizwa gefeiert wird, in die Gemeinde aufgenommen. Was **Bat Mizwa** bedeutet, könnt ihr euch sicher schon denken. Genau, es bedeutet **Tochter der Pflicht.**

A2 Kläre offene Fragen mit den anderen Mitgliedern deiner Gruppe.

A3 Gestalte mit den Mitgliedern deiner Gruppe einen Bildbericht von dem Fest der **Bar Mizwa**. Eure Bilder sollen zeigen, wie die jüdischen Familien das Fest feiern. Ihr berichtet also mit euren Bildern vom Ablauf und den wichtigsten Momenten dieses Festes. Das nennt man auch eine Bilddokumentation.

Hochzeit (Text 2)

A1 Lies den Text.

Markiere die Stellen im Text, die von dem Ablauf und den Ritualen des Festes der Hochzeit handeln.

Notiere dir Fragen, wenn du eine Aussage oder ein Wort nicht verstehst.

Schalom,

mein Name ist Esther und ich möchte euch von der **Hochzeit** meiner Schwester Rebekka erzählen. Die Ehe ist für uns Juden sehr wichtig, denn wir glauben, dass sie von Gott begründet wurde und so steht es auch in unserer Bibel, dass „es nicht gut ist, dass der Mensch allein sei." Deshalb könnt ihr euch sicher vorstellen, dass unsere Eltern sich sehr gefreut haben, als meine Schwester Rebekka bekannt gegeben hat, dass sie heiratet. Vor der Hochzeit haben sie und ihr Mann David eine **Ketubba** unterschrieben. Das ist ein Ehevertrag, in dem sich Braut und Bräutigam gegenseitig versprechen, dass sie füreinander sorgen werden. Als der große Tag endlich da war und die Hochzeitsfeier begann, stand David unter der **Chuppa** und wartete auf Rebekka. Die Chuppa ist der Brauthimmel, ein Dach aus edlem Stoff, das von vier Stangen getragen wird. Vier Hochzeitsgäste hielten die Stangen. Unser Vater begleitete Rebekka zur Chuppa und übergab sie dort ihrem Bräutigam. Der Rabbiner* las die Ketubba vor. Dann steckte David Rebekka einen Ring an den Finger und sagte dazu: „Mit diesem Ring bist du für mich gesegnet nach dem Gesetz des Mose und Israels." Während Rebekka und David aus dem gleichen Glas Wein tranken, sprach der Rabbiner sieben Gebete und segnete das Brautpaar. Zum Abschluss der Zeremonie zertrat David das Weinglas mit dem Fuß. Das ist bei jüdischen Hochzeiten Tradition, denn es erinnert an die Zerstörung des Tempels in Jerusalem und soll gleichzeitig Glück bringen.

* Ein Rabbiner hat die Aufgabe der religiösen Lehre und der Seelsorge. Das bedeutet, dass die Gemeindemitglieder bei ihm wichtige Dinge über ihren Glauben lernen und er sich um sie kümmert, indem er mit ihnen Gespräche über ihren Glauben führt und mit ihnen betet.

A2 Kläre offene Fragen mit den anderen Mitgliedern deiner Gruppe.

A3 Gestalte mit den Mitgliedern deiner Gruppe einen Bildbericht von dem jüdischen **Hochzeitsfest**. Eure Bilder sollen zeigen, wie die jüdischen Familien das Fest feiern. Ihr berichtet also mit euren Bildern vom Ablauf und den wichtigsten Momenten dieses Festes. Das nennt man auch eine Bilddokumentation.

Beerdigung (Text 3)

A1 Lies den Text.

Markiere die Stellen im Text, die von dem Ablauf und den Ritualen der jüdischen Beerdigung handeln.

Notiere dir Fragen, wenn du eine Aussage oder ein Wort nicht verstehst.

Schalom,

mein Name ist Rachel und ich möchte euch von der Beerdigung meiner Großmutter erzählen. Meine Großmutter hieß Lea und meine Geschwister und ich hatten sie sehr lieb. Als sie starb, waren wir alle sehr traurig. Viele Verwandte und Freunde kamen, um mit uns zu trauern. Am Tag ihrer Beerdigung mussten viele Menschen weinen. Sie kamen mit uns zum **Bet Olam**, so heißt der jüdische Friedhof. Dort sprach der Rabbi an ihrem Grab Psalmen. Alle, die um sie trauerten, warfen dreimal Erde in ihr Grab und sprachen die Worte: „Möge die Verstorbene zu ihrem Ort des Friedens gelangen."

Danach sprachen alle das **Kaddisch**, das Trauergebet. Dann stellten sich die Trauergäste in zwei Reihen auf und bildeten so eine Gasse, durch die die engste Familie, also meine Eltern, wir Enkelkinder und meine Onkel, das Grab verlassen konnten. Am Ausgang wuschen sich alle die Hände. Das gilt für uns Juden als Zeichen, dass wir uns wieder dem Leben zuwenden können.

A2 Kläre offene Fragen mit den anderen Mitgliedern deiner Gruppe.

A3 Gestalte mit den Mitgliedern deiner Gruppe einen Bildbericht von der **jüdischen Beerdigung**. Eure Bilder sollen zeigen, wie die jüdischen Familien diesen Anlass begehen. Ihr berichtet also mit euren Bildern vom Ablauf und den wichtigsten Momenten dieser Feier. Das nennt man auch eine Bilddokumentation.

Bilddokumentation über _____

(Name des Festes)

_____

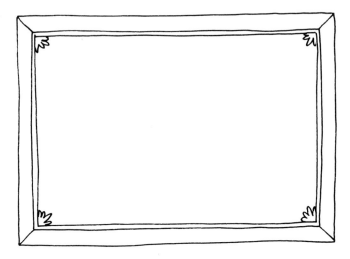

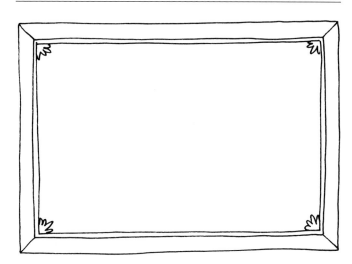

_____

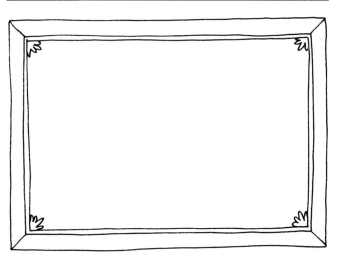

Christliche Feste im Lebenslauf

A1 Unterhalte dich mit deinen Eltern und anderen Verwandten über christliche Familienfeste, die in eurer Familie schon gefeiert wurden.

A2 Gestalte die Seite mit Bildern von diesen christlichen Familienfesten. Du kannst die Bilder zeichnen oder Fotos verwenden.

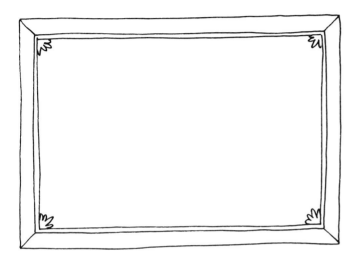

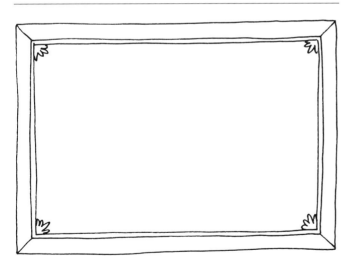

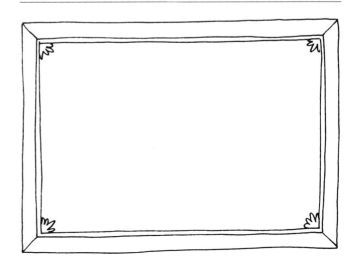

LS 07 Rund um das Judentum – eine Lernkartei erstellen

		Zeitrichtwert	Lernaktivitäten	Material	Kompetenzen
1	PL	5'	L gibt einen Überblick über den Ablauf der bevorstehenden Stunde.		– Begriffe des Judentums kennen und erklären – Zeichnung zur Ergänzung von Worterklärungen anfertigen – sinnentnehmend lesen – zielgerichtet arbeiten und kooperieren – Entscheidungen treffen – diskutieren und eigene Meinung vertreten
2	EA	15'	S lesen Infotext zu einem Begriff des Judentums, markieren wichtige Textstellen und beantworten Fragen zum Text.	M1.A1–2	
3	PA	15'	S vergleichen ihre Antworten mit einem Tandempartner, verbessern und ergänzen ihre Antworten gegebenenfalls.	M1.A3	
4	GA	35'	Je zwei Tandems mit gleichem Begriff gestalten eine Karteikarte mit Erklärungen und einer Zeichnung zu ihrem Thema. Die S wählen weitere Begriffe zum Thema Judentum und gestalten Karteikarten dazu.	M2.A1–4, M3 Religionsmappe/-heft	
5	PL	20'	S präsentieren ihre Karteikarten im Stuhlkreis und ordnen sie in einen Karteikasten ein.	M3, Karteikasten	

Merkposten

Karteikarten (M3) auf festes Papier kopieren.

Karteikasten mit Register.

Tipp
Es bietet sich an, die Gestaltung der Karteikarten bzgl. Schriftgröße, Leserlichkeit usw. mit den Schülern zu besprechen

Ergeben sich Doppelungen bei den Begriffen, ist das nicht problematisch, da unterschiedliche Erklärungen sich oftmals ergänzen. Es werden also alle Schülerbeiträge, sofern sie sachlich richtig sind, in die Kartei aufgenommen.

Erläuterungen zur Lernspirale

Ziel der Doppelstunde ist die Übertragung von Informationen zu Begriffen des Judentums in eine Lernkartei. Die Schüler ergänzen und wiederholen hierbei ihr bisher erarbeitetes Wissen zum Thema, formulieren Begriffserklärungen mit eigenen Worten und entwickeln erklärende Skizzen dazu.

Zum Ablauf im Einzelnen:
Im **1. Arbeitsschritt** erläutert der Lehrer das Vorgehen für die folgende Stunde. Er verweist darauf, dass die Schüler im **2. Arbeitsschritt** zunächst in stiller Einzelarbeit den Infotext zu einem Begriff des Judentums lesen, wichtige Textstellen markieren und Fragen zum Text beantworten. Hierfür verteilt der Lehrer die vier verschiedenen Begriffe der Größe der Klasse entsprechend mehrfach. Je zwei Textblätter mit gleichem Begriff markiert der Lehrer mit dem gleichen Buchstaben.

So finden sich die Tandempartner für den **3. Arbeitsschritt**, in dem die Schüler ihre Antworten vergleichen, ergänzen und gegebenfalls verbessern.

Für die Gruppenarbeit im **4. Arbeitsschritt** kommen Tandems mit gleichen Begriffen zusammen und gestalten eine Karteikarte mit Erklärungen und einer Zeichnung zu ihrem Thema. Die Gruppen wählen weitere Begriffe zum Thema Judentum und gestalten pro Begriff eine Karteikarte. Hierzu stehen den Schülern die bisher erarbeiteten Materialien der Makrospirale (Religionsmappe/-heft) zur Verfügung.

Im **5. Arbeitsschritt** präsentieren die Schüler ihre Karteikarten im Stuhlkreis und ordnen sie in einen vom Lehrer zur Verfügung gestellten Karteikasten ein. Ein Zwischenschritt kann die Überarbeitung der Begriffe als Hausaufgabe sein, falls bei der Präsentation ein entsprechender Bedarf festgestellt wird.

Notizen:

07 Rund um das Judentum – eine Lernkartei erstellen

A1 Lies den Text.

A2 Markiere wichtige Textstellen.

Synagoge (Text 1)

„Synagoge" ist ein griechisches Wort und bedeutet „Haus der Versammlung". Das hebräische Wort dafür heißt „Beit Knesset". Die Synagoge ist das Gotteshaus der Juden. Sie ist für die Juden so wichtig wie für die Christen die Kirche. Morgens, mittags und abends treffen sich die Juden dort zum Beten. In der Synagoge gibt es einen Gottesdienstraum und weitere Versammlungsräume. In den Versammlungsräumen finden unterschiedliche Veranstaltungen statt. Dort lernen die Gemeindemitglieder unter der Leitung eines Rabbiners die „Heiligen Schriften" und ihre Bedeutung besser kennen. Der Rabbiner unterrichtet hier auch die jüdischen Kinder. Sie lernen hebräisch und die Zwölfjährigen kommen dorthin, um vom Rabbiner auf ihre Bar Mizwa vorbereitet zu werden.

Es gibt Synagogen, in denen die Frauen und Männer im Gottesdienstraum getrennt sitzen. Die Frauen sitzen dann hinten im Raum oder auf einer Empore, die wie ein Balkon aussieht. In manchen Synagogen sitzen Frauen und Männer zusammen.

Die folgenden Dinge gehören zur Ausstattung jeder Synagoge: An der Ostwand im Gottesdienstraum befindet sich der Toraschrein, der auch „Heilige Lade" genannt wird. In ihm werden die Torarollen aufbewahrt. Über den Türen des Toraschreins hängt das „Ewige Licht", es wird „Ner Tamid" genannt. Außerdem gibt es einen Tisch, auf dem dem die Torarollen zum Vorlesen abgelegt werden. Ihn nennt man „Bima".

A3 Beantworte die Fragen zum Text.

Was bedeutet das Wort „Synagoge" und aus welcher Sprache stammt es?

_____

_____

Wozu nutzen die Juden ihr Gotteshaus?

_____

_____

Wie sieht ein Gottesdienstraum von innen aus?

_____

_____

Judentum

A1 Lies den Text.

A2 Markiere wichtige Textstellen.

Klagemauer (Text 2)

Die Klagemauer ist das wichtigste Heiligtum der Juden. Sie steht in Jerusalem und gehörte zur Befestigung der Tempel von Jerusalem, die beide zerstört wurden. Als im Jahr 70 n. Chr. der zweite Tempel zerstört wurde, blieb nur diese Mauer stehen. Es handelt sich um die westliche Mauer der Befestigung, die das Tempelgelände umgab. Im Hebräischen heißt sie „Kotel Ha Ma'aravi", das bedeutet „Westmauer". Für die Juden ist sie ein Symbol für den Bund Gottes mit dem Volk Israel. Deshalb gehen jeden Tag viele Menschen zur Klagemauer, um dort zu beten. Sie stecken kleine Zettel mit Gebeten in die Ritzen der Mauer.

Auch viele Touristen kommen zur Klagemauer. Weil es ein heiliger Ort für die Juden ist, ist es wichtig, dass alle, die zur Klagemauer kommen, sich an die Kleiderordnung halten und eine Kopfbedeckung tragen.

Die Klagemauer ist 18 Meter hoch und 48 Meter lang.

A3 Beantworte die Fragen zum Text.

Zu welchem wichtigen Gebäude gehörte die Klagemauer früher und welchen Namen hat sie im Hebräischen?

___

___

Was tun die Menschen an der Klagemauer und wie kleiden sie sich, wenn sie dorthin gehen?

___

___

___

Wie groß ist die Klagemauer und wo steht sie?

___

___

___

Judentum

A1 Lies den Text.

A2 Markiere wichtige Textstellen.

Koscher (Text 3)

Koscher bedeutet „rein" oder „geeignet" und ist im Judentum ein wichtiger Begriff im Zusammenhang mit den Speisegesetzen. Die Speisegesetze stehen in der Tora und heißen „Kaschrut". Sie sagen aus, welche Speisen die Gläubigen essen dürfen und wie sie zubereitet werden müssen, damit sie als koscher gelten.

Koscher sind nach diesen Regeln alle vegetarischen Speisen. Das Obst und Gemüse darf mit Milch, Käse und Joghurt zubereitet werden.

Fleisch und Wurst darf nur von erlaubten Tieren gegessen werden. Erlaubte Tiere sind: Rinder, Schafe, Ziegen, Hühner, Enten, Gänse und Fische mit Schuppen und Flossen. Krebse, Muscheln, Kaninchen und Schweine hingegen gelten für Juden als unreine Tiere und dürfen nicht gegessen werden. Die erlaubten Tiere müssen aber auch nach den Vorschriften der Tora geschlachtet werden, damit die Gläubigen sie essen dürfen. Das bedeutet, dass die Tiere geschächtet werden. Beim Schächten werden die Tiere mit einem einzigen tiefen Schnitt durch die Kehle getötet und man lässt sie ganz ausbluten, bevor das Fleisch zubereitet werden kann.

Außerdem gilt die Regel, dass Fleisch nicht mit Milch oder Milchprodukten in Berührung kommen darf. Um das sicher zu vermeiden, gibt es in jüdischen Haushalten und Restaurants getrenntes Geschirr zum Kochen und Servieren von „Fleischigem" und „Milchigem".

A3 Beantworte die Fragen zum Text.

Wo stehen die Speisegesetze und wie lautet der hebräische Name dafür?

_____

_____

Welche Tiere gelten als erlaubte Tiere?

_____

_____

Welche Speisen dürfen zusammen mit „Milchigem" gegessen werden?

_____

_____

LS 07.M1 — Judentum

A1 Lies den Text.

A2 Markiere wichtige Textstellen.

Jiddisch (Text 4)

Jiddisch ist eine Sprache, die im Mittelalter in Deutschland entstanden ist. Vor dem zweiten Weltkrieg war sie die Muttersprache der osteuropäischen Juden. Das Jiddische besteht aus einem Gemisch von deutschen, hebräischen und osteuropäischen Ausdrücken. Heute sprechen nur noch ungefähr eine Million Menschen auf der ganzen Welt Jiddisch. Einige Worte aus dem Jiddischen benutzen aber auch wir noch, wenn wir uns unterhalten. Vielleicht kommen sie dir bekannt vor:

Schmiere stehen – Wache stehen

Schummeln – ein bisschen betrügen

Ganove – Dieb

Mischpoke – Familie

meschugge – verrückt

Zoff – Streit, Krach

Stuss – Unsinn

Schlamassel – Unglück

A3 Beantworte die Fragen zum Text.

Aus welchen Sprachen setzt sich das Jiddische zusammen?

Wird heute noch Jiddisch gesprochen und wenn ja, von wem?

Nenne einige Beispiele für jiddische Ausdrücke, die wir benutzen, wenn wir uns unterhalten.

LS 07.M2 Auftragskarte

A1 Schreibt euren Begriff oben auf die Karteikarte.

A2 Einigt euch, welche Informationen wichtig sind, um den Begriff zu erklären und schreibt diese Informationen in lesbarer Schrift auf die Karteikarte.

A3 Ergänzt eure Erklärung mit einer Zeichnung auf der Rückseite der Karteikarte.

A4 Sucht euch nun weitere Begriffe zum Thema Judentum aus, die ihr bereits kennengelernt habt. Nutzt dazu eure Religionsmappe. Gestaltet zu jedem Begriff eine Karteikarte.

LS 07.M3 Karteikarte

Begriff: _____

Judentum

LS 08 Einen Zeitstrahl zur Geschichte der Juden erstellen

		Zeitrichtwert	Lernaktivitäten	Material	Kompetenzen
1	PL	5'	L gibt einen Überblick über den Ablauf der bevorstehenden Stunde.		– wichtige Fakten der Geschichte des jüdischen Volkes kennen – einen Zeitstrahl zur Geschichte der Juden erstellen – nachschlagen und recherchieren – sinnentnehmend lesen – zielgerichtet arbeiten und kooperieren – diskutieren und eigene Meinung vertreten
2	EA	15'	S notieren ihr Wissen über die Geschichte der Juden und ihre Fragen zu diesem Thema auf Satzstreifen.	Satzstreifen	
3	PL	15'	S stellen ihre Stichworte und Fragen im Rahmen einer Stafettenpräsentation vor.	Satzstreifen, Klebestreifen	
4	GA	35'	S lesen Informationen zu den einzelnen Zeitabschnitten, markieren wichtige Textstellen und übertragen Schlüsselwörter und Jahreszahlen auf Papierpfeile.	M1.A1–4, M2, M3, Geschichtsbücher für Kinder, weiterführende Texte	
5	PL	20'	S ergänzen Zeitstrahl in chronologischer Reihenfolge mit ihren Papierpfeilen.	Zeitstrahl, M3	

✓ Merkposten
Zeitstrahl auf Tapetenrolle bzw. Tafel übertragen

Tipp
Die komplexe Thematik dieser Unterrichtsstunde erfordert eine intensive Vorbereitung insbesondere bzgl. möglicher Fragen zum Holocaust. Von daher sollte zusätzlich kindgerechtes Informationsmaterial in Form von Büchern und anderen Medien zur Verfügung gestellt werden und weitere Unterrichtszeit in den folgenden Religionsstunden eingeplant werden.

Falls die Schüler noch nicht mit Schlüsselwörtern gearbeitet haben, erklärt der Lehrer ihnen die Bedeutung und Arbeitsweise anhand eines Beispiels.

Erläuterungen zur Lernspirale

Ziel der Doppelstunde ist das Kennenlernen wichtiger Fakten der Geschichte der Juden und deren chronologische Einordnung an einem Zeitstrahl.

Zum Ablauf im Einzelnen:
Im **1. Arbeitsschritt** erläutert der Lehrer das Vorgehen für die folgende Stunde. Er verweist darauf, dass die Schüler im **2. Arbeitsschritt** zunächst in stiller Einzelarbeit stichwortartig ihr Wissen über die Geschichte der Juden und ihre Fragen dazu auf Satzstreifen notieren.

Diese Satzstreifen präsentieren die Schüler im **3. Arbeitsschritt** im Rahmen einer Stafettenpräsentation an der Tafel. Die Schüler ordnen ihre Satzstreifen den Überschriften „Fragen" und „Über die Geschichte der Juden weiß ich…" zu und pinnen sie an entsprechender Stelle an die Tafel. Der Lehrer moderiert die Stafettenpräsentation und nimmt gegebenfalls zu Satzstreifen mit inhaltlich nicht korrekten Aussagen Stellung.

Für die Gruppenarbeit im **4. Arbeitsschritt** werden Gruppen mit je drei Schülern gebildet. Ob eine zufällige Zuteilung der Schüler sinnvoll ist oder eine vom Lehrer vorgegebene Einteilung sich aufgrund der Inhalte der einzelnen Texte eher anbietet, entscheidet der Lehrer je nach den Kompetenzen der Lerngruppe. Die Gruppen erhalten den Text zu jeweils einem Zeitabschnitt der Geschichte der Juden, den sie abwechselnd satzweise laut vorlesen. Bei größeren Lerngruppen werden Zeitabschnitte doppelt vergeben.

Jeder Schüler erhält ein eigenes Exemplar. Die Schüler markieren wichtige Textstellen und alle Jahreszahlen. Nachdem die Schüler sich über den Text ausgetauscht und auf die Schlüsselwörter geeinigt haben, übertragen sie diese und die Jahreszahlen auf die Papierpfeile (M3).

Für die Präsentation im **5. Arbeitsschritt** überträgt der Lehrer einen Zeitstrahl, auf dem die wichtigsten Daten vermerkt sind, auf Tapetenrolle und breitet diese auf dem Boden so aus, dass die Schüler im Halbkreis davor sitzen können. Die Schüler ergänzen den Zeitstrahl nun in chronologischer Reihenfolge. Bei doppelt vergebenen Zeitabschnitten präsentieren die Kleingruppen nacheinander und legen die Papierpfeile untereinander. Eine weitere mögliche Form der Präsentation ist die Übertragung des Zeitstrahls auf die Tafel, vor der sich die Schüler dann im Kinositz versammeln. Die Darstellung des Zeitstrahls auf Tapetenrolle hat den Vorteil, dass die Arbeitsergebnisse bei entsprechendem Diskussions- und Erklärungsbedarf zur Weiterarbeit aufbewahrt werden können.

Die Zeitabschnitte, die von den Schülern erarbeitet werden, enden mit der Zeit des Holocausts. Je nachdem, wie ausführlich der Lehrer auf die Gründung des Staates Israel und das Leben der Juden heute in vielen Ländern der Welt eingehen möchte, füllt er vorbereitend selbst einen oder mehrere Pfeile mit den wichtigsten Stichwörtern aus und ergänzt damit den Zeitstrahl.

08 Einen Zeitstrahl zur Geschichte der Juden erstellen

LS 08.M1 Auftragskarte

A1 Lest den Text laut vor. Wechselt euch dabei satzweise ab.

A2 Markiert wichtige Textstellen und alle Jahreszahlen.

A3 Sprecht über den Text. Einigt euch darauf, welche Wörter die Schlüsselwörter des Textes sind.

A4 Schreibt die Jahreszahlen und die Schlüsselwörter auf den Papierpfeil und schneidet ihn aus.

LS 08.M2 Texte zur Geschichte der Juden

Blütezeit

Um 1000 v. Chr. erlebte das Königreich Israel eine Blütezeit. In dieser Zeit regierten die Könige David und Salomo, unter denen Israel zu großem Reichtum durch Handel gelangte. In Jerusalem, der großen und prächtigen Hauptstadt des Königreiches, wurde der erste Tempel gebaut. In diesem großartigen Bauwerk, das Gott geweiht wurde, bewahrten die Juden die Steintafeln mit den Zehn Geboten auf, die Mose von Gott auf dem Berg Sinai erhalten hatte.

Zerstörung des Tempels und der Stadt Jerusalem

Der Tempel in Jerusalem wurde im Jahr 586 v. Chr. von den Babyloniern zerstört. Die prächtige Hauptstadt Jerusalem lag in Schutt und Asche. Die Israeliten wurden von den Babyloniern in Gefangenschaft genommen. Diese Gefangenschaft dauerte 50 Jahre lang.

Wiederaufbau des Tempels

Nach 50 Jahren in babylonischer Gefangenschaft kehrten die Juden nach und nach in ihr Heimatland zurück. Sie begannen mit dem Wiederaufbau des Tempels. Der Wiederaufbau war ungefähr im Jahr 515 v. Chr. vollendet. Auch die Stadtmauer von Jerusalem wurde wieder aufgebaut.

Zweite Zerstörung des Tempels

Im Jahr 19 v. Chr. begann Herodes den Tempel in Jerusalem weiter auszubauen. Dieser Tempel war ein prächtiges Bauwerk und die größte Anlage in der Antike. Er wurde im Jahr 56 n. Chr. fertiggestellt. Doch bereits im Jahr 70 n. Chr. wurde er von den Römern zerstört. Nur die westliche Mauer der Befestigung blieb bis heute erhalten. Diese Westmauer ist das wichtigste Heiligtum der Juden und wird Klagemauer genannt.

Diaspora

Nach der Zerstörung des Tempels in Jerusalem durch die Römer im Jahr 70 n. Chr. wurden die Juden im ganzen Römischen Reich und in späteren Jahrhunderten über die ganze Welt zerstreut. Sie hatten keinen eigenen Staat mehr und lebten in vielen verschiedenen Ländern. Das Leben eines Volkes als Minderheit in einem Land mit vielen Andersgläubigen nennt man leben in der Diaspora. Während der jahrhundertelangen Diaspora hofften die Juden darauf, eines Tages nach Israel zurückkehren zu können. Sie pflegten ihren Glauben und ihre religiösen Traditionen, um ein Volk bleiben zu können, auch wenn sie nicht in einem eigenen Land zusammenleben konnten.

In manchen europäischen Ländern waren sie nicht gerne gesehen und deshalb entstanden schon im Mittelalter erste Ghettos, in denen die Juden getrennt von den anderen Bewohnern des Landes in eigenen Vierteln unter sich wohnten. Oftmals wurden die Juden für Naturkatastrophen und Krankheiten verantwortlich gemacht und sie wurden deshalb zu Unrecht verfolgt und umgebracht.

Holocaust

Unter Adolf Hitler erlebten die Juden von 1933 bis 1945 größtes Leid. Die Nationalsozialisten erklärten sie zu einer „schädlichen Rasse" und ermordeten 6 Millionen jüdische Frauen, Männer und Kinder. Zuerst verboten sie ihnen am öffentlichen Leben teilzuhaben. Das bedeutet, dass sie nicht mehr mit ihren nichtjüdischen Freunden in die Schule und zum Sport gehen durften. Die Erwachsenen mussten ihre Berufe aufgeben und wurden in Geschäften und Restaurants nicht mehr bedient. Dann stahlen die Nationalsozialisten den Juden ihren Besitz und hielten sie unter schlimmsten Bedingungen gefangen. Ab 1942 brachten sie die Juden in Vernichtungslagern um. Dieses furchtbare Verbrechen heißt Holocaust oder Schoah.

Judentum LS 08.M3

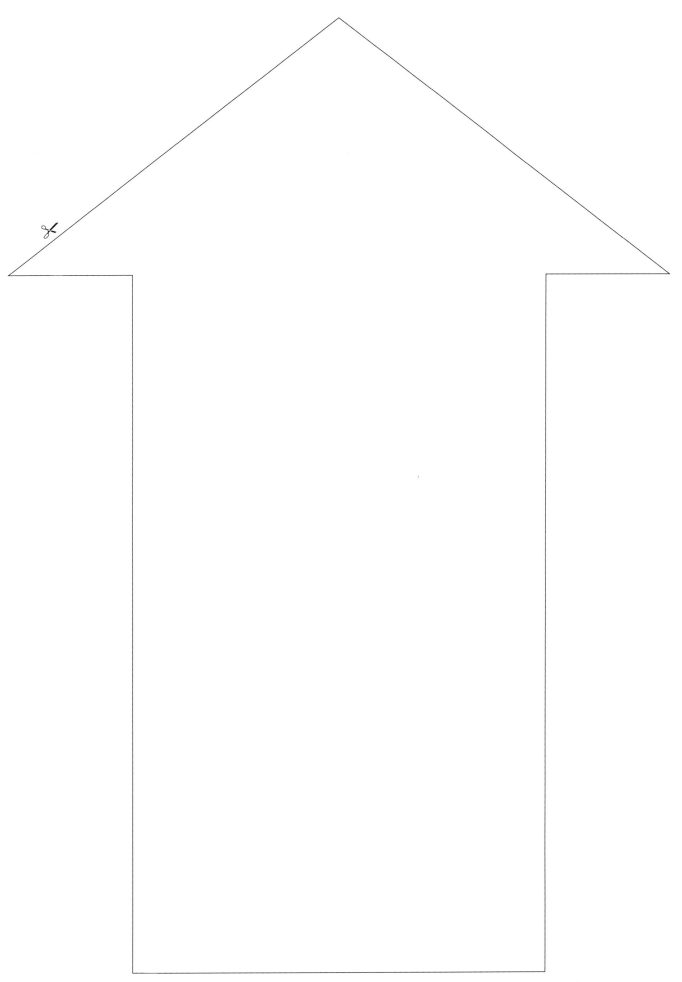

LS 01 Islam

LS 01 Wer war Mohammed?

		Zeitrichtwert	Lernaktivitäten	Material	Kompetenzen
1	PL	5'	L gibt einen Überblick über den Ablauf der bevorstehenden Stunde.		– sinnentnehmend lesen – mit einem Kartenausschnitt arbeiten – sich mit den Gruppenmitgliedern einigen – einen Text vorlesen
2	PL	5'	L erzählt den S den einführenden Text und zeigt am OHP den Kartenausschnitt, der mit den S besprochen wird.	M1 (auf Folie), OHP	
3	EA	10'	S erhalten M1 und bearbeiten die Aufgaben.	M1.A1–3	
4	PA	5'	S vergleichen mit ihrem Schulterpartner.	M1.A4	
5	GA	15'	Jeder S erhält zwei Satzstreifen und ordnet sich einer Gruppe zu. Die Gruppe rekonstruiert den vollständigen Text.	M2	
6	PL	5'	Stehpräsentation an der Tafel.	M2, Magnete	

✓ Merkposten

Für den 2. und 3. Arbeitsschritt eventuell Atlanten bereithalten.

Für den 5. Arbeitsschritt müssen die Textstreifen (M2) auf DIN A3 hochkopiert werden.

Zur Gruppenbildung werden die Streifen entweder auf unterschiedlich farbiges Papier kopiert oder farblich markiert. Dabei muss darauf geachtet werden, dass pro Gruppe jeder Textstreifen nur genau einmal vorkommt.

Erläuterungen zur Lernspirale

Ziel der Stunde ist die mehrstufige Erarbeitung von Informationen zum Leben des Propheten Mohammed.

Zum Ablauf im Einzelnen:
Im **1. Arbeitsschritt** erläutert der Lehrer das Vorgehen für die folgende Stunde. Er erzählt den einführenden Text und zeigt am OHP den Kartenausschnitt, der mit den Kindern im **2. Arbeitsschritt** besprochen wird.

Im **3. Arbeitsschritt** gestalten die Schüler den Kartenausschnitt entsprechend der Vorgaben aus. Sie suchen die arabische Halbinsel, beschriften die Städte Mekka und Medina, tragen die Namen der Kontinente ein und malen die Erdteile in verschiedenen Farben aus.

Im **4. Arbeitsschritt** vergleichen die Schüler ihr Ergebnis mit dem ihres Schulterpartners.

Im **5. Arbeitsschritt** erhält jeder Schüler zwei Textstreifen aus M2, die vom Lehrer farblich gekennzeichnet wurden (siehe Merkposten), sodass sich Vierergruppen mit gleichfarbigen Textstreifen finden können. Jeder Schüler liest seine beiden Textstreifen konzentriert und markiert sie mit seinem Namenskürzel oder einem Symbol, sodass sie jederzeit dem Besitzer zugeordnet werden können. Aufgabe der Gruppe ist es, durch eine intensive Auseinandersetzung mit den einzelnen Textabschnitten den vollständigen Text wiederherzustellen. Allerdings ist jeder dafür verantwortlich, dass seine eigenen Satzstreifen an die richtige Stelle kommen. Die Satzstreifen der anderen dürfen nicht bewegt werden. Möglicherweise kann es sinnvoll sein, den vollständigen Text zur Zwischenkontrolle auszuhängen, sodass ein Abgesandter aus der Gruppe nach einer gewissen Zeitspanne überprüfen kann, ob die Gruppe auf dem richtigen Weg ist.

Im **6. Arbeitsschritt** präsentiert eine zufällig ausgewählte Gruppe ihr Ergebnis an der Tafel, indem sie die Satzstreifen in der von ihr gefundenen Reihenfolge an die Tafel hängt. Die anderen Gruppen korrigieren oder bestätigen.

Notizen:

Islam LS 01.M1

01 Wer war Mohammed?

Der Islam entstand vor etwa 1400 Jahren auf der arabischen Halbinsel. Mit dem Propheten Mohammed, der in Mekka geboren wurde und auch in Medina lebte, fing alles an.

A1 Finde auf dem Kartenausschnitt die arabische Halbinsel. Trage die Namen der Städte Mekka und Medina ein.

A2 Trage die Namen der Kontinente Europa, Asien und Afrika in die Kreise ein.

A3 Male die Kontinente in unterschiedlichen Farben an.

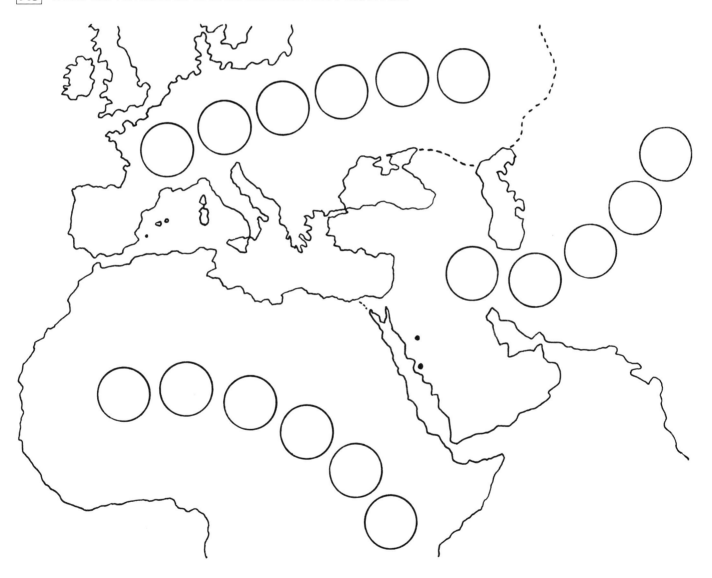

A4 Vergleiche deine Karte mit der deines Schulterpartners.

Islam

Mohammed wird 570 n. Chr. in Mekka geboren. Sein Vater stirbt kurz vor seiner Geburt, seine Mutter stirbt, als er 6 Jahre alt ist. Mohammed wächst daher in der Familie seines Onkels auf.

Als Kind hütet er Schafe und Ziegen und hilft den Händlern auf dem Markt. Später macht er eine Lehre als Kaufmann. Da er immer ehrlich ist und sein Wort hält, ist er sehr beliebt.

Die reiche Kaufmannswitwe Chadidscha hört von Mohammed und bietet ihm an, ihre Karawanen zu führen. So lernt Mohammed fremde Städte und Menschen anderer Religionen kennen. Was er über den Gott von Juden und Christen erfährt, gefällt dem jungen Mohammed.

Mit 25 Jahren heiraten Mohammed und Chadidscha. Die beiden sind sehr glücklich. Doch Mohammed gefällt nicht, dass die Menschen in Mekka viele Götter anbeten. Er ist oft traurig über die vielen Ungerechtigkeiten unter den Menschen.

Oft zieht sich Mohammed in die Wüste zurück und betet alleine. Als er 40 Jahre alt ist, erscheint ihm der Engel Gabriel. Der sagt ihm, dass Gott Mohammed als seinen Gesandten ausgewählt hat. Mohammed soll den Menschen seine Botschaft verkünden.

Im Laufe der Jahre erhält Mohammed sehr viele Botschaften von Gott. Er erfüllt begeistert seinen Auftrag. Doch die Leute von Mekka lachen ihn aus. Sie bedrohen ihn sogar, weil sie befürchten, dass er ihnen ihre Geschäfte verdirbt. Im Jahre 622 flieht Mohammed mit seinen Anhängern nach Medina.

In Medina ist Mohammed als Mann bekannt, der bei Problemen hilft, Streitereien schlichten kann und andere Menschen immer gerecht behandelt. Die Menschen vertrauen ihm und ernennen ihn zu ihrem Herrscher.

630 kehrt Mohammed mit 10 000 Kriegern nach Mekka zurück und zerstört dort alle Götterbilder. 632 stirbt Mohammed, aber seine Lehre breitet sich weiter aus.

LS 02 Der Koran

		Zeitrichtwert	Lernaktivitäten	Material	Kompetenzen
1	PL	5'	L gibt einen Überblick über den Ablauf der bevorstehenden Stunde und liest den einführenden Text vor.	M1	– sinnentnehmend lesen – Multiple-Choice-Aufgaben lösen – Fragen in ganzen Sätzen beantworten – eine begündete Auswahl treffen – sich mit den Gruppenmitgliedern einigen – Arbeitsergebnisse präsentieren
2	EA	5'	S lesen den Text noch einmal und kreuzen die richtigen Antworten an.	M1.A1	
3	PA	10'	S tauschen sich mit einem Zufallspartner aus und beantworten die beiden weiteren Fragen gemeinsam.	M1.A2–3	
4	PL	5'	Zufällig ausgewählte Tandems stellen ihre Lösungen vor.	M1	
5	GA	15'	S bilden Zufallsgruppen, lesen M2 und füllen das Placemat aus.	M2.A1–5, M3, M4	
6	PL	5'	Stafettenpräsentation	M4, Magnete	

Erläuterungen zur Lernspirale

Ziel der Stunde ist es, den Aufbau und die Bedeutung des Korans für die Muslime kennenzulernen.

Zum Ablauf im Einzelnen:
Im **1. Arbeitsschritt** erläutert der Lehrer das Vorgehen für die folgende Stunde und liest den einführenden Text vor.

Im **2. Arbeitsschritt** lesen die Schüler in stiller Einzelarbeit einen Text über den Koran und lösen zunächst drei Multiple-Choice-Aufgaben dazu.

Im **3. Arbeitsschritt** tauschen sich die Schüler mit einem zugelosten Partner aus und beantworten gemeinsam zwei weitere Fragen zum Text.

Für die Präsentation im **4. Arbeitsschritt** beantworten zufällig ausgewählte Tandems je eine Frage.

Im **5. Arbeitsschritt** bilden je zwei Tandems eine Vierergruppe. Jeder Schüler liest M2 und entscheidet sich mithilfe von M3 für die seiner Meinung nach schönsten Namen für Gott. Anschließend erhält jede Gruppe ein Placemat, auf dem zunächst jeder in Einzelarbeit seine sechs schönsten Namen für Gott einträgt. Die Schüler präsentieren sich ihre Ergebnisse und einigen sich auf die vier schönsten Namen für Gott. Diese schreiben sie mit einer Begründung ihrer Wahl in das mittlere Placematfeld.

Die Präsentation im **6. Arbeitsschritt** findet als Stafettenpräsentation statt. Dazu stehen die Schüler in einem Halbkreis vor der Tafel, heften nach und nach ihre Placemats an die Tafel an und stellen ihre Auswahl vor.

✓ Merkposten

Für die Bildung der Zufallspaare und Zufallsgruppen sind geeignete Losgegenstände (Kartenspiel, Paar-, Ziffern- oder Buchstabenkarten) mitzubringen.

Placemat auf DIN-A3-Format hochkopieren.

Tipp
Sie können M1 und die Placemats im Vorfeld farblich markieren, sodass sich die Tandems und später die Vierergruppen schnell finden.

Notizen:

02 Der Koran

Der Koran

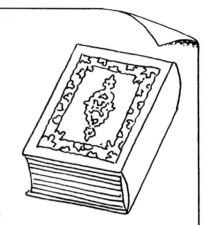

Das heilige Buch der Muslime ist der Koran. Er umfasst etwa 650 Seiten und besteht aus 114 Kapiteln, die man Suren nennt. Jede Sure ist in Verse aufgeteilt, wie du sie auch in der Bibel findest. Die Suren sind im Koran nach ihrer Länge sortiert. Die meisten langen Suren stehen am Anfang des Koran und die kurzen stehen eher am Ende des heiligen Buches.

In manchen Suren steht, wie sich die Menschen verhalten sollen, andere erzählen die Geschichten der Propheten oder berichten, wie es im Paradies oder in der Hölle aussieht.

Im Koran sind alle Botschaften, die Mohammed im Laufe seines Lebens von Gott erhalten hat, aufgeschrieben. Deshalb ist für Muslime der Koran die wichtigste Schrift ihres Lebens. Hier steht alles, was sie über ihren Glauben und ihre Lebensweise wissen müssen.

A1 Kreuze die richtigen Antworten an.

Wie heißt das heilige Buch der Muslime?
❏ Bibel ❏ Koran ❏ Sure

Aus wie vielen Kapiteln besteht der Koran?
❏ 114 ❏ 650

Wie sind die Kapitel geordnet?
❏ zuerst die kurzen, dann die langen ❏ zuerst die langen, dann die kurzen

A2 Vergleiche deine Antworten mit denen deines Partners.

A3 Beantworte gemeinsam mit deinem Partner die Fragen in ganzen Sätzen.

Was steht in den Suren?

_____

_____

Warum ist der Koran für die Muslime so wichtig?

_____

_____

Islam — LS 02.M2

Info

Der Koran sagt, dass es nur einen Gott gibt, denselben Gott, an den auch Juden und Christen glauben. Dieser Gott möchte, dass die Menschen gut und gerecht sind. Im Islam gibt es das Gebet der 99 Namen Gottes. Diese Namen findest du im Koran. Muslime beten dieses Gebet mithilfe einer Perlenkette. Jede Perle steht für einen der 99 Namen Gottes. Die Kette ist ähnlich wie ein Rosenkranz und heißt im Arabischen Misbaha oder Subha.

A1 Lies dir die Liste der 99 Namen Gottes durch. Markiere die Namen, die du besonders schön findest.

A2 Notiere die 6 schönsten Namen in deinem Placematfeld.

A3 Lest euch gegenseitig eure schönsten Namen für Gott vor.

A4 Einigt euch auf die 4 schönsten. Schreibt sie in das mittlere Placematfeld und begründet eure Wahl.

A5 Schreibt eure Lieblingsnamen für Gott in die Kreise. Klebt sie zu einer Klassengebetskette zusammen.

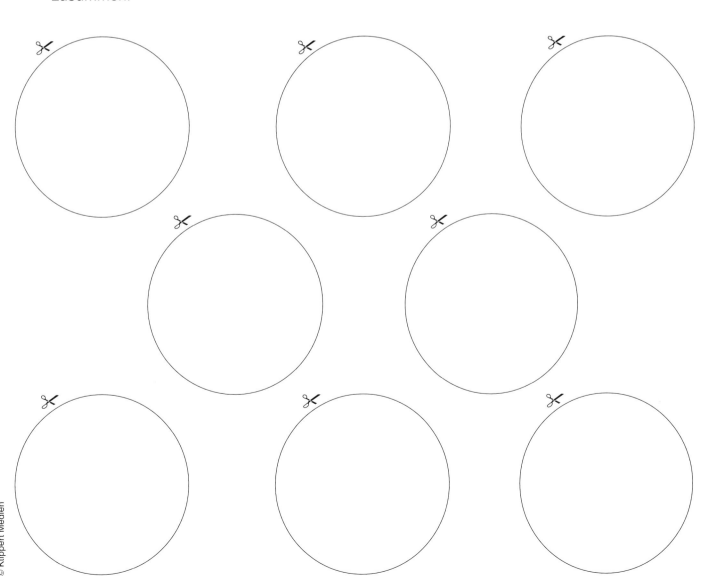

Die 99 Namen für Gott

(1) Alllah (= der Gott allein)	(34) der Großzügige	(67) der Kraftvolle
(2) der Friede	(35) der Ernährer	(68) der Erste
(3) der Gestrenge	(36) der Überwacher	(69) der Regierende
(4) der Ordner	(37) der Liebende	(70) der Rächer
(5) der immerwährende Geber	(38) der Wahre	(71) der Rechthandelnde
(6) der Ausweitende	(39) der Beschützer	(72) der Verhinderer
(7) der Erniedrigende	(40) der Neuschöpfer	(73) der Rechtleiter
(8) der Gnädige	(41) der In-sich-Seiende	(74) der Führer
(9) der Verzeihende	(42) der Souveräne	(75) der Herr des Edelmutes
(10) der Aufmerksame	(43) der Entferner	(76) der Heilige
(11) der Edelmütige	(44) der Verborgene	(77) der Mächtige
(12) der Weise	(45) der Bereuer	(78) der Erschaffende
(13) der Augenzeuge	(46) der König des Reiches	(79) der Siegreiche
(14) der Unerschütterliche	(47) der Bereicherer	(80) der Einigende
(15) der Erneuerer	(48) das Licht	(81) der Ehrverleiher
(16) der Lebendige	(49) der Bleibende	(82) der Richtende
(17) der Eine	(50) der Erbarmer	(83) der Unzugängliche
(18) der Näherbringende	(51) der König	(84) der Große
(19) der Offenbarer	(52) der Wachsame	(85) der Majestätische
(20) der Rechtschaffene	(53) der Schöpfer	(86) der Allgegenwärtige
(21) der Erbarmungsvolle	(54) der Herrscher	(87) der Erwecker
(22) der Reiche	(55) der Wissende	(88) der Starke
(23) der Nützliche	(56) der Erhebende	(89) der Zählende
(24) der Ewige	(57) der Sehende	(90) der Todbringende
(25) der Gerechte	(58) der Sanftmütige	(91) der Vornehme
(26) der Barmherzige	(59) der Hocherhabene	(92) der Allmächtige
(27) der Gläubige	(60) der Rechner	(93) der Letzte
(28) der Hochmütige	(61) der Erhörer	(94) der Erhabene
(29) der Nachsichtige	(62) der Glorreiche	(95) der Tilger
(30) der Verteiler aller Güter	(63) der Treuhänder	(96) der Versammler
(31) der Demütigende	(64) der Lobenswerte	(97) der Schädliche
(32) der Hörende	(65) der Lebensspender	(98) der Einzigartige
(33) der Erfahrene	(66) der Vollkommene	(99) der Geduldige

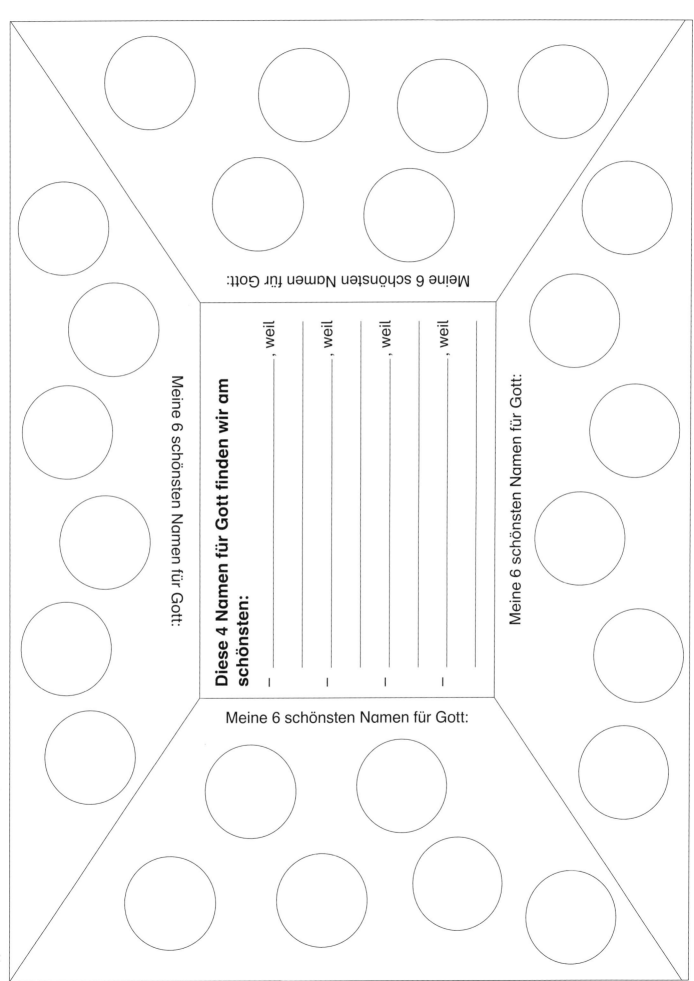

LS 03 Die Moschee

		Zeitrichtwert	Lernaktivitäten	Material	Kompetenzen
1	PL	5'	L gibt einen Überblick über den Ablauf der bevorstehenden Stunde.		– Bilder vergleichen und gemeinsame Merkmale finden – sinnentnehmend lesen – ein Bild beschriften – sich mit einem Partner austauschen – sich mit einem Partner einigen – Arbeitsergebnisse präsentieren
2	EA	10'	L liest den einführenden Text vor und S kreisen auf M1 die Merkmale, die jede Moschee auf den unterschiedlichen Bildern aufweist, ein.	M1.A1	
3	PA	10'	S tauschen sich mit Zufallspartner aus, lesen den Text auf M2 und beschriften das Äußere einer Moschee.	M1.A2, M2	
4	PL	5'	Präsentation am OHP.	M2 (auf Folie), OHP, Folienstift	
5	PA	10'	S erhalten M3, lesen den Text und beschriften das Innere einer Moschee.	M3	
6	PL	5'	Präsentation am OHP.	M3 (auf Folie), OHP, Folienstift	
7	EA/HA		S gestalten ein Klappbild zu einer Moschee.	weißes Papier	

Merkposten

M2 und M3 auf Folie kopieren.

Für die Bildung der Zufallspaare sind geeignete Losgegenstände (Paar-, Ziffern- oder Buchstabenkarten) mitzubringen.

Erläuterungen zur Lernspirale

Ziel der Stunde ist es, die Charakteristika einer Moschee kennenzulernen.

Zum Ablauf im Einzelnen:
Im **1. Arbeitsschritt** erläutert der Lehrer das Vorgehen für die folgende Stunde. Er erzählt den einführenden Text und fordert die Kinder im **2. Arbeitsschritt** auf, sich die Bilder der verschiedenen Moscheen genau anzusehen und die Gemeinsamkeiten zu umkreisen.

Im **3. Arbeitsschritt** tauschen sich die Schüler mit einem Zufallspartner aus und beschriften die äußeren Merkmale einer Moschee, nachdem sie den dazugehörigen Text gelesen haben.

Im **4. Arbeitsschritt** werden die Lösungen der Schüler anhand einer Folie des Bildes von M2 verglichen und besprochen. Dazu trägt ein zufällig ausgewähltes Tandem die Begriffe auf der Folie ein.

Im **5. Arbeitsschritt** werden neue Partnerkonstellationen gebildet und der Text auf M3 wird gelesen, um die charaktristischen Merkmale des Inneren einer Moschee erkennen und beschriften zu können.

Auch hier schließt sich im **6. Arbeitsschritt** eine Präsentation am OHP an.

Im **7. Arbeitsschritt** gestalten die Schüler ein Klappbild zu einer Moschee. Dazu zeichnen sie auf eine Seite eines Blattes die Moschee von außen und auf die Rückseite die Moschee von innen. Diese Aufgabe zur Ergebnissicherung eignet sich als Hausaufgabe.

Notizen:

Islam — LS 03.M1

03 Die Moschee

Moscheen sind die Gebetshäuser der Muslime.

Es gibt sie überall auf der Welt und sie sehen ganz unterschiedlich aus. Aber sie haben dennoch immer etwas gemeinsam.

A1 Woran kannst du überall auf der Welt eine Moschee erkennen? Kreise ein.

Moschee in Duisburg

Moschee in Kairo

Moschee in Köln

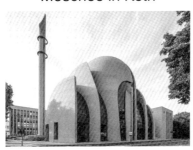

Moschee in Istanbul

Moschee in Berlin

Moschee in Frankfurt

Moschee in Hamburg

Moschee in Rom

A2 Vergleiche mit deinem Partner.

Lest den Text und beschriftet die Zeichnung.

Die Moschee von außen

Jede Moschee hat mindestens einen hohen, schlanken Turm. Diesen Turm nennt man **Minarett**. Von hier ruft der Muezzin fünfmal am Tag die Gläubigen zum Gebet.

Das eigentliche Gebetshaus hat eine oder mehrere **Kuppeln**. Das sind gewölbte Dächer.

Auf der Kuppel oder auf dem Minarett ist das Symbol des Islam befestigt: der **Halbmond**.

Schließlich gehört zu jeder Moschee ein **Brunnen** oder ein Brunnenhaus. Hier waschen sich die Gläubigen vor dem Gebet.

Lest den Text und beschriftet die Zeichnung.

Die Moschee von innen

Wenn man eine Moschee betritt, fällt zunächst auf, dass es keine Stühle oder Bänke gibt. Der gesamte Gebetsraum ist mit kostbaren **Teppichen** ausgelegt, auf denen die Gläubigen ihr Gebet verrichten. Deshalb zieht man auch in einem Vorraum seine Schuhe aus.

Da man beim Gebet in Richtung Mekka schauen soll, werden Moscheen so gebaut, dass eine Wand genau dorthin zeigt. An dieser Wand befindet sich die **Mihrab**. Sie ist eine bogenförmige, reich verzierte Nische, die die richtige Gebetsrichtung anzeigt. Hier steht auch meistens der **Iman**. Er ist der Vorbeter und leitet die Gemeinde.

Rechts neben der Mihrab gibt es eine erhöhte Kanzel mit einer Treppe. Sie ist auch sehr schön verziert und heißt **Minbar**. Von hier predigt der Iman.

In einer Moschee gibt es keine Bilder und auch keine Statuen. An den Wänden befinden sich orientalische Muster und Koranverse in arabischer Schrift.

LS 04 Islam

LS 04 So beten Muslime

		Zeitrichtwert	Lernaktivitäten	Material	Kompetenzen
1	PL	5'	L gibt einen Überblick über den Ablauf der bevorstehenden Stunde.		– sinnentnehmend lesen – Informationen markieren – Bilder und Texte zuordnen – sich mit den Gruppenmitgliedern besprechen – sich mit den Gruppenmitgliedern einigen
2	EA	10'	S lesen die erste Sure des Koran und lösen die dazugehörigen Aufgaben.	M1.A1–3	
3	PA	10'	S tauschen sich im Doppelkreis aus.	M1	
4	GA	15'	S bilden Zufallsgruppen, ordnen den Texten die richtigen Gebetshaltungen zu, kleben alles in der richtigen Reihenfolge auf und malen den Gebetsteppich aus.	M2.A1–3, M3 Schere, Kleber, Buntstifte	
5	PL	5'	Präsentation im Galeriegang.	M3	

Merkposten
Für die Bildung der Zufallspaare und Zufallsgruppen sind geeignete Losgegenstände (Kartenspiel, Paar-, Ziffern- oder Buchstabenkarten) mitzubringen.

M3 auf DIN-A3-Format hochkopieren.

Tipp
Je nach Klasse, oder auch um Zeit zu sparen, kann es sinnvoll sein, den Kindern die Bilder und Texte bereits ausgeschnitten zur Verfügung zu stellen.

Erläuterungen zur Lernspirale
Ziel der Stunde ist die mehrstufige Erarbeitung von Informationen zum Gebet im Islam.

Zum Ablauf im Einzelnen:
Im **1. Arbeitsschritt** erläutert der Lehrer das Vorgehen für die folgende Stunde. Er verweist darauf, dass die Schüler im **2. Arbeitsschritt** in stiller Einzelarbeit die erste Sure des Koran lesen und die Aufgaben dazu bearbeiten sollen.

Im **3. Arbeitsschritt** tauschen sich die Schüler im Doppelkreis aus. Dazu sitzen oder stehen sie sich in einem Innen- und einem Außenkreis paarweise gegenüber und berichten sich wechselseitig, bevor einer der Kreise rotiert und so beliebig viele Partnerkonstellationen entstehen, in denen die Ideen ausgetauscht werden. Der Austausch fördert die gegenseitige Wertschätzung und wirkt vertrauensbildend.

Im **4. Arbeitsschritt** treffen sich die Schüler in Zufallsgruppen. Sie lesen den einführenden Text und ordnen dann die Gebetshaltungen den passenden Erklärungen zu.

Die Präsentation erfolgt im **5. Arbeitsschritt** in Form eines Museumsrundgangs. Dazu liegen die Arbeitsblätter auf den Gruppentischen aus und die Schüler wandern von Tisch zu Tisch und betrachten die entstandenen Ergebnisse. Das Ausmalen des Teppichs kann auch als Hausaufgabe gegeben werden.

Notizen:

Islam LS 04.M1

04 So beten Muslime

Das Gebet ist ein besonderes Zeichen der Zugehörigkeit zu Gott.
Im Islam zählt das Gebet nur, wenn man es mit der ersten Sure des Koran beginnt.

A1 Lies die erste Sure und unterstreiche die Namen Gottes, die genannt werden.

1. Im Namen Gottes, des Gnädigen,
   des Barmherzigen.

2. Lob sei Gott,
   dem Herrn der Welten,

3. dem Gnädigen,
   dem Barmherzigen.

4. dem Herrscher
   am Tag des Gerichts.

5. Dir dienen wir, und Dich
   bitten wir um Hilfe.

6. Zeige uns den richtigen Weg,

7. den Weg derer,
   denen du Gutes gegeben hast,
   und nicht derer,
   auf die Du zornig bist
   und die den falschen Weg gehen.

   nach Koran Sure 1, Verse 1–7

A2 Schreibe die Namen auf.

_____

_____

A3 Überlege, welche Bedeutung der 6. und 7. Vers der Sure in deinem Leben haben könnten und schreibe deine Gedanken dazu auf.

_____

_____

Islam

Grundsätzlich kann man auch im Islam überall beten: zu Hause, in der Schule, bei der Arbeit und natürlich auch in der Moschee. Wenn man nicht in der Moschee ist, rollt man seinen Gebetsteppich aus. So kann jeder Ort auf der Welt zu einem Ort des Gebets werden.

Der Teppich, der viele orientalische Muster enthält, wird so hingelegt, dass der Blick des Betenden nach Mekka gerichtet ist. Um die Richtung zu bestimmen, kann man einen speziellen Gebetskompass benutzen. Durch verschiedene Körperhaltungen drückt der Betende seine Liebe zu Allah aus.

A1 Lest die Texte und ordnet ihnen die passenden Bilder zu.

A2 Klebt Bilder und Texte in der richtigen Reihenfolge um den Gebetsteppich auf dem Arbeitsblatt auf.

A3 Malt den Gebetsteppich aus.

---

1. Zu Anfang des Gebets steht der Gläubige und hält seine Hände hinter die Ohren. Das Gebet beginnt mit den Worten: „Allahu Akbar" – Allah ist größer als alles andere."

2. Dann legt der Betende seine rechte Hand über die linke und spricht die erste Sure des Koran, die Fathia.

3. Danach verbeugt sich der Gläubige und stützt die Hände auf die Knie. Dabei spricht er Lob- und Segenssprüche.

4. Jetzt kniet der Betende sich nieder, um Allah seinen Respekt zu zeigen. Er berührt zweimal mit der Stirn den Boden und sagt leise: „Ehre sei meinem Herrn, dem Allerhöchsten."

Islam — LS 04.M2

5. Er setzt sich wieder auf die Knie und spricht leise für sich ein kurzes Gebet. Die Hände liegen dabei auf den Oberschenkeln. Nach einer weiteren Verbeugung richtet man sich wieder auf.

6. Am Ende des Gebets dreht man den Kopf zuerst nach rechts und dann nach links, um sowohl den Engeln, die auf der Schulter sitzen, als auch den anderen Menschen mit den Worten „As-salam-aley-kum" Frieden zu wünschen und sich zu verabschieden.

Islam

LS 05 Die fünf Säulen des Islam

		Zeitrichtwert	Lernaktivitäten	Material	Kompetenzen
1	PL	5'	L gibt einen Überblick über den Ablauf der bevorstehenden Stunde und erklärt den Verlauf der Stationenrallye.		– sinnentnehmend lesen – zielgerichtet arbeiten und kooperieren – Entscheidungen treffen – sich mit den Gruppenmitgliedern einigen – Arbeitsergebnisse präsentieren
2	GA	50'	S lesen die Stationenkarte an der ihnen zugelosten Station und bearbeiten die dazugehörenden Arbeitsaufträge. Gruppen bearbeiten alle Stationen.	M1–5	
3	GA	5'	S bereiten eine Präsentation der letzten Station, die sie bearbeitet haben, vor.	M1–5	
4	PL	25'	Gruppen präsentieren die Arbeitsergebnisse ihrer Station im Plenum.	M1–5	
5	EA	5'	S tragen die deutschen Namen der fünf Säulen ein und ergänzen die Lückentexte.	M6	

Erläuterungen zur Lernspirale

Ziel der Doppelstunde ist es, sich im Rahmen einer Stationenrallye einen Überblick über die fünf Säulen des Islam zu verschaffen.

Zum Ablauf im Einzelnen:
Im **1. Arbeitsschritt** erläutert der Lehrer das Vorgehen für die folgende Stunde.

Er erklärt den Ablauf der Stationenrallye, bei der die Schüler im **2. Arbeitsschritt** von eins bis fünf zählen und so fünf Gruppen bilden, denen der Lehrer je eine der fünf Stationen zulost. An jeder Station liegen die Stationenkarten entsprechend der Gruppenmitglieder bereit. Die Schüler lesen die Aufgaben und klären mögliche Verständnisfragen untereinander. Nach ca. 10 Minuten gibt der Lehrer das Signal zum Wechsel und die Gruppen begeben sich im Uhrzeigersinn an die nächste Station. Dort arbeiten sie in gleicher Weise.

Im **3. Arbeitsschritt** bleiben die Gruppen nach Absolvierung der letzten Station sitzen und bereiten die Präsentation ihrer Arbeitsergebnisse vor.

Im **4. Arbeitsschritt** präsentieren die Gruppen an ihren jeweiligen Stationen die erarbeiteten Ergebnisse.

Zur Ergebnissicherung füllen die Schüler im **5. Arbeitsschritt** in stiller Einzelarbeit M6 aus. Dies kann auch als nachbearbeitende Hausaufgabe geschehen.

✓ Merkposten

Station 1: Buntstifte dazulegen.

Station 2: Bilder und Texte ausschneiden und laminieren.

Station 4: Bilder ausschneiden und laminieren.

Station 5: Domino® ausschneiden und laminieren.

Tipp
Die laminierten Materialien der einzelnen Stationen können den Schülern für die Freiarbeit zur Verfügung gestellt werden.

Notizen:

05 Die fünf Säulen des Islam

1. Schahada: Das Glaubensbekenntnis

Die Schahada ist das muslimische Glaubensbekenntnis und die erste Säule des Islam. Sie ist der wichtigste Satz im Islam und lautet so:

① Es gibt keine Gottheit
la ilaha

② außer
illa

③ Gott.
llah.

④ Muhammad
muhammadun

⑤ ist der Gesandte
rasulu

⑥ Gottes.
llah

Gleich nach der Geburt flüstert der Vater dem Baby diesen Satz ins Ohr. Diese Worte sind das Zeichen für die Zugehörigkeit zum Islam. Sie sind das erste, was ein Kind hört und sollen es das ganze Leben über begleiten.

Wer von der Schahada überzeugt ist und die Worte vor zwei muslimischen Zeugen ausspricht, wird in die muslimische Glaubengemeinschaft aufgenommen.

A1 Wie heißt der wichtigste Satz im Islam?
Schreibe ihn in deiner schönsten Schrift auf. Benutze verschiedene Farben.

Islam   LS 05.M1

> Islamische Babys bekommen diesen Satz sofort nach der Geburt ins Ohr geflüstert. Christliche Kinder bekommen bei der Taufe häufig einen Spruch aus der Bibel mit auf den Weg.

A2 Lies dir die folgenden Bibelsprüche durch. Welcher gefällt dir am besten?

„Ich lasse dich niemals fallen, werde dich nicht im Stich lassen."
Josua 1,5b

„Hab keine Angst und verliere nie den Mut; denn ich der Herr, dein Gott, bin bei dir, was du auch tust."
Josua 1,9

„Herr, deine Güte reicht bis an den Himmel, und deine Treue, soweit die Wolken ziehen."
Psalm 36,6

„Gott ist unsere Zuversicht und Stärke, eine Hilfe in den großen Nöten."
Psalm 46,2

„Der Herr ist mein Licht und mein Heil; vor wem sollte ich Angst haben?"
Psalm 27,1a

„Der Herr ist mein Hirte; mir wird es an nichts fehlen."
Psalm 23,1

A3 Schreibe deinen gewählten Spruch auf.

_____

_____

Begründe deine Wahl. Diesen Spruch habe ich gewählt, weil …

_____

_____

_____

A4 Vergleicht eure Auswahl in der Gruppe.

Islam

2. Salat: Das Pflichtgebet

Die zweite Säule des Islam ist das Pflichtgebet, das fünfmal am Tag nach genauen Regeln verrichtet werden soll. Jedes Gebet besteht aus zwei bis vier Pflichteinheiten und zwei bis vier freiwilligen Gebetseinheiten, je nachdem, ob es sich um das Morgen-, Mittags-, Nachmittags-, Abend- oder Nachtgebet handelt.

Die Pflichtgebete sollen möglichst auf Arabisch gesprochen werden.

Zum Gebet gehört die Sauberkeit. Sie soll den Betenden daran erinnern, dass er mit reinem Herzen vor Gott treten soll. Deshalb gehört zu jedem Gebet eine gründliche Säuberung, die in einer ganz bestimmten Weise geschehen muss.

A1 Beantworte die Fragen.

1. Wie oft am Tag wird das Pflichtgebet gesprochen?

_____

2. In welcher Sprache soll gebetet werden?

_____

3. Warum sollen sich Muslime vor dem Beten waschen?

_____

_____

A2 Ordne die Bilder und die Texte der rituellen Waschung einander zu.

Ich sage „Bismillah alrahman alrahmin – Im Namen Allahs, des Allerbarmers des Barmherzigen" und wasche dreimal meine Hände.	Ich spüle mir mit der rechten Hand den Mund dreimal aus.	Ich säubere meine Nase dreimal. Dazu ziehe ich mit der linken Hand Wasser durch die Nase und wasche das Naseninnere mit den Fingern der linken Hand.
Ich wasche mir das Gesicht dreimal.	Ich wasche dreimal den rechten Unterarm, vom Ellenbogen bis zum Handgelenk. Danach wasche ich den linken genauso.	Ich streiche mit nassen Händen über meine Haare.

Islam

| Ich wasche meine Ohren außen und innen mit Daumen und Zeigefinger. | Ich streiche das Wasser weiter bis in den Nacken. | Ich wasche zuerst den rechten Fuß dreimal, dann den linken. |

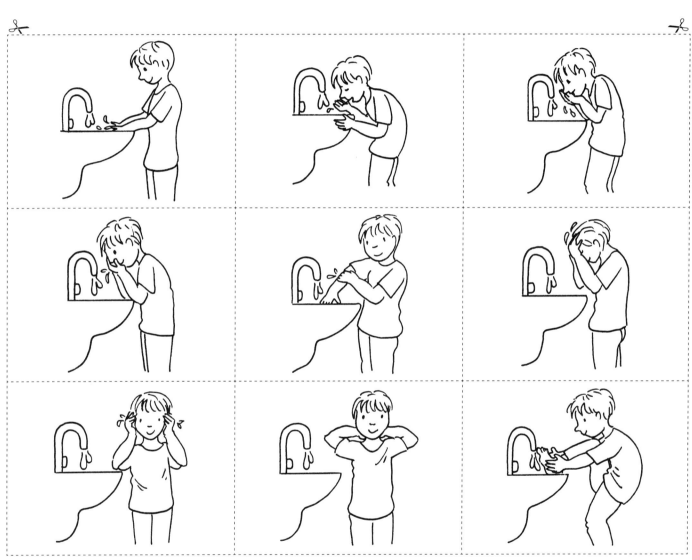

Islam

3. Zakat: Das Almosengeben

Die dritte Säule des Islam ist das Almosengeben. Jeder Gläubige hat die Pflicht, einen Teil seines Besitzes abzugeben. Im Koran steht, dass man Armen, Hilfsbedürftigen, Verschuldeten oder Reisenden etwas spenden soll, damit sie in ihrer Not nicht alleine sind.

Die Höhe der Abgabe ist im Koran nicht festgelegt und die Abgabe wird auch nicht kontrolliert. Man vertraut auf die Ehrlichkeit des Besitzers.

Das Almosengeben hilft den armen Menschen, aber es hilft auch den Spendern. Dadurch sollen die Menschen nämlich lernen, ihr Herz nicht an ihren Besitz zu hängen. Die Abgabe soll den Menschen von Habsucht und Geldgier befreien und sein Herz für Gott öffnen.

A1 Beantworte die Fragen.

1. Wozu ist jeder Muslim verpflichtet?

_____

2. Wie hoch ist die Abgabe?

_____

3. Wem hilft die Abgabe?

_____

_____

A2 Was wärst du bereit, von deinem Besitz abzugeben?

Ich würde einen Teil meiner Spielsachen abgeben. ❏ ja ❏ nein ❏ vielleicht	Ich würde einen Teil meiner Kleidung abgeben. ❏ ja ❏ nein ❏ vielleicht
Ich würde einen Teil meines Taschengeldes abgeben. ❏ ja ❏ nein ❏ vielleicht	Ich würde _____ _____ abgeben.

A3 Sprecht über eure Antworten.

4. Saum: Das Fasten im Monat Ramadan

Der Ramadan ist der islamische Fastenmonat. 30 Tage lang verzichten Muslime von Sonnenaufgang bis Sonnenuntergang auf Essen und Trinken. Nur morgens sehr früh, bevor die Sonne aufgeht, und abends, wenn es wieder dunkel ist, darf man Speisen und Getränke zu sich nehmen.

Mit dem Fasten zeigen Muslime ihre Liebe zu Gott. Sie denken viel über Gott nach, beten viel und danken ihm, dass er für die Menschen sorgt. In den Moscheen wird der ganze Koran vorgelesen.

Während des Ramadans soll man aber auch über sein Leben nachdenken und sich von schlechten Alltagsgewohnheiten befreien. Ein Fastender soll nichts Schlechtes reden und sich auch nicht ärgern. Statt zu streiten sollen alle besonders freundlich zueinander sein, sich gegenseitig helfen und Mut machen.

A1 Beantworte die Fragen.

1. Wie lange dauert der Ramadan?

2. Was tun Muslime in diesem Monat?

3. Warum tun sie das?

A2 Verteilt die Bilder in der Gruppe.

Erklärt euch gegenseitig, ob die Bilder zum Ramadan passen oder nicht.

Begründet eure Aussage.

Die Bilder, die nicht zum Ramadan passen, dreht ihr um.

LS 05.M4 Islam

Islam — LS 05.M5

5. Hadsch: Die Pilgerfahrt nach Mekka

Der Traum vieler Muslime ist es, einmal im Leben nach Mekka zu reisen, an den Ort, wo der Prophet Mohammed geboren ist und gelebt hat. Oft sparen die Menschen viele Jahre lang, um sich diese Reise leisten zu können. Diese Pilgerfahrt heißt „Hadsch" und dauert eine Woche. Jedes Jahr fahren Millionen von Menschen nach Mekka, um am Hadsch teilzunehmen.

Für den Hadsch gibt es Regeln und Rituale, die schon sehr alt sind. Die meisten gehen zurück auf Abraham und erinnern an sein Leben.

A1 Beantworte die Fragen.

1. Warum wollen viele Muslime einmal im Leben nach Mekka reisen?

2. Wie heißt die Pilgerfahrt nach Mekka?

3. Wie lange dauert sie?

A2 Schaut euch die Bilder an und lest die Texte.
Legt das Domino® dann in der richtigen Reihenfolge.

Der Hadsch	Der heilige Bezirk in Mekka darf nur in weißer Pilgerkleidung betreten werden. Wer die Pilgerkleidung trägt, darf sich nicht mehr die Haare und Fingernägel schneiden und keine Tiere töten – außer Läusen und giftigen Schlangen.
	Zunächst umkreisen die Pilger die Kaaba siebenmal entgegen dem Uhrzeigersinn. Die Kaaba ist ein würfelförmiges Gebäude, das mit einem schwarzen mit Koranversen bestickten Teppich bedeckt ist. Die Kaaba soll von Abraham erbaut worden sein. In ihr wird der schwarze Stein aufbewahrt, den der Engel Gabriel Abraham aus dem Paradies mitgebracht haben soll.

	Danach laufen die Pilger siebenmal im Laufschritt zwischen zwei Hügeln hin und her. Dieser Lauf erinnert an Abrahams Frau Hagar, die in der Wüste auf der Suche nach Wasser für sich und ihr Kind hin und her gelaufen ist, bis der Engel Gabriel erschien und sie und ihr Kind rettete.
	Jetzt wird das Opferfest gefeiert. Kamele, Kühe oder Schafe werden geschlachtet und die Armen bekommen einen großen Teil des Fleisches ab. Es erinnert daran, dass Abraham bereit war, seinen Sohn zu opfern. Aber Gott schickte ihm in letzter Minute einen Widder, den dieser statt seines Sohnes opfern konnte.
	Nach Sonnenuntergang sammeln die Pilger Steine in der Ebene Musdalifa. Diese Steine werfen sie auf eine Steinsäule, die den Teufel symbolisiert. Der Teufel wird für alles Böse in unserem Herzen und in der Welt verantwortlich gemacht. Das Ritual erinnert an Abraham, der den Teufel mit Steinen bewarf, als dieser versuchte ihn davon abzuhalten, seinen Sohn zu opfern.
	Am Ende des Hadsch kehren die Pilger noch einmal zur Kaaba zurück. Viele Männer rasieren sich den Kopf kahl und die Frauen schneiden sich eine Haarsträhne ab. Wer am Hadsch teilgenommen hat, darf sich „Hadschi" oder als Frau „Hadscha" nennen. Er oder sie genießt hohes Ansehen und den besonderen Segen Gottes.
	Dann geht es zum Berg Arafat. Dort beten, fasten und meditieren die Pilger, um Gott nahe zu sein.
	Ende

Islam — LS 05.M6

Ergänze in den Säulen die deutschen Namen der fünf Säulen des Islam. Fülle die Lückentexte aus.

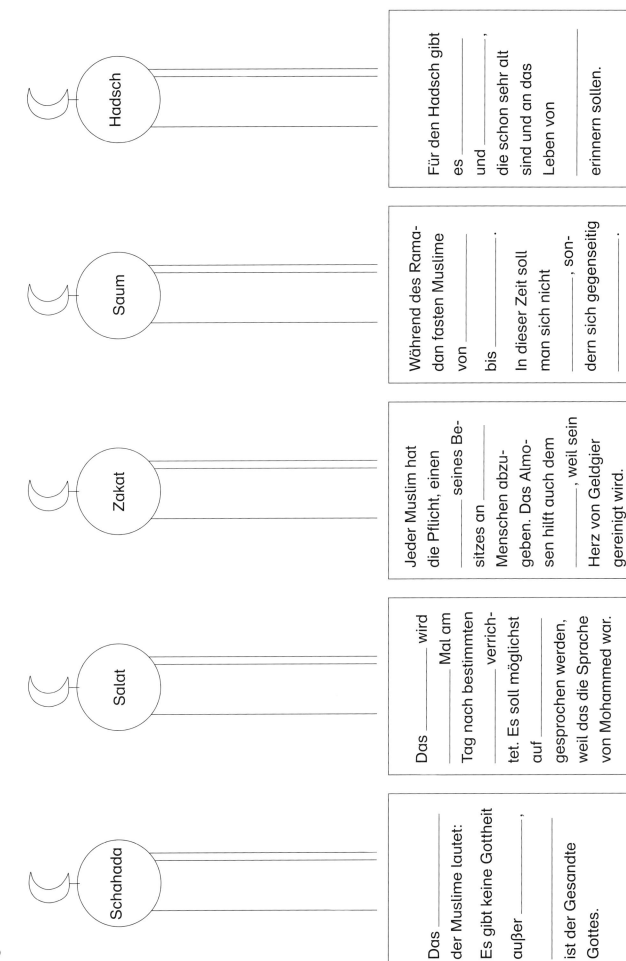

Schahada

Das _____ der Muslime lautet: Es gibt keine Gottheit außer _____, _____ ist der Gesandte Gottes.

Salat

Das _____ wird _____ Mal am Tag nach bestimmten _____ verrichtet. Es soll möglichst auf _____ gesprochen werden, weil das die Sprache von Mohammed war.

Zakat

Jeder Muslim hat die Pflicht, einen _____ seines Besitzes an _____ Menschen abzugeben. Das Almosen hilft auch dem _____, weil sein Herz von Geldgier gereinigt wird.

Saum

Während des Ramadan fasten Muslime von _____ bis _____. In dieser Zeit soll man sich nicht _____, sondern sich gegenseitig _____.

Hadsch

Für den Hadsch gibt es _____ und _____, die schon sehr alt sind und an das Leben von _____ erinnern sollen.

LS 06 Islam

LS 06 Muslimische Feste im Jahreskreis

		Zeitrichtwert	Lernaktivitäten	Material	Kompetenzen
1	PL	5'	L gibt einen Überblick über den Ablauf der bevorstehenden Stunde.		– sinnentnehmend lesen – sich mit einem Partner austauschen – sich mit einem Partner einigen – sich mit Gruppenmitgliedern einigen – einen Vortrag halten – Arbeitsmethoden reflektieren
2	EA	10'	S lesen den Text über das ihnen zugeloste Fest und beantworten die Fragen zum Text auf M3.	M1–3	
3	PA	15'	S tauschen sich mit ihrem Schulterpartner aus und ergänzen ihre Notizen	M3	
4	GA	30'	Je zwei Tandems finden sich zu Expertengruppen zusammen, vergleichen ihre Notizen, klären eventuelle Unklarheiten und bereiten einen Vortrag zu ihrem Fest vor.	M3, Spickzettel	
5	PL	20'	Zufällig ausgewählte Gruppen halten ihren Vortrag, andere Gruppen ergänzen.	Spickzettel	
6	EA	10'	Reflexion der Arbeitsmethode anhand eines Selbstbewertungsbogens.	M4	

✓ Merkposten

Die Zusammensetzung der Gruppen kann der Lehrer dem Zufall überlassen (dann sind geeignete Losgegenstände mitzubringen) oder diese gezielt bilden, indem er die Arbeitsblätter aus dem ersten Arbeitsschritt vor Beginn der Stunde auf der Rückseite farblich markiert und den gewünschten Schülerkonstellationen austeilt.

Erläuterungen zur Lernspirale

Ziel der Doppelstunde ist die arbeitsteilige Erarbeitung von Informationen zu den beiden wichtigsten Festen im Islam, dem Opferfest und dem Fest des Fastenbrechens.

Zum Ablauf im Einzelnen:
Im **1. Arbeitsschritt** erläutert der Lehrer das Vorgehen für die folgende Stunde. Er teilt die Klasse in zwei Gruppen, die je ein Fest bearbeiten, und verweist darauf, dass immer zwei benachbarte Schüler den gleichen Text erhalten, zu dem sie im **2. Arbeitsschritt** in stiller Einzelarbeit die Fragen in ihrem Feld von M3 beantworten.

Im **3. Arbeitsschritt** vergleichen die Schüler ihr Ergebnis mit dem ihres Schulterpartners und füllen gemeinsam die mittlere Spalte des Arbeitsblattes aus.

Im **4. Arbeitsschritt** bilden je zwei Tandems, die am selben Text gearbeitet haben, eine Gruppe. Die Tandems tauschen sich über ihre Ergebnisse aus, klären Unverstandenes bzw. korrigieren oder ergänzen Fehlerhaftes oder Fehlendes. Anschließend bereiten sie mithilfe ihrer Notizen aus M3 Spickzettel für einen Vortrag zu ihrem Fest vor. An dem Vortrag sollten alle Gruppenmitglieder beteiligt sein. Bei ungeübten Gruppen sollte der Lehrer darauf und auch auf die Vortragsregeln (siehe Selbstreflexionsbogen) explizit hinweisen.

Im **5. Arbeitsschritt** präsentieren ein bis zwei zufällig ausgewählte Gruppe ihren Vortrag. Die anderen Gruppen korrigieren oder bestätigen.

Im **6. Arbeitsschritt** reflektieren die Schüler die Arbeitsmethoden mithilfe eines Selbstbewertungsbogens.

LS 06.M4 Reflexionsbogen

Ich kann ...	☺	😐	☹
einen Text lesen und Fragen beantworten.			
mit einem Partner zusammenarbeiten.			
in einer Gruppe arbeiten.			
anderen zuhören.			
bei einem Vortrag laut und deutlich sprechen.			
bei einem Vortrag in angemessenem Tempo sprechen.			
bei einem Vortrag mein Publikum anschauen.			

06 Muslimische Feste im Jahreskreis

LS 06.M1 Das Opferfest – Id al-Adha

Im Islam gibt es nur zwei große Feste, die alle Muslime in der Welt feiern. Eines davon ist das Opferfest (Id al-Adha).

Das Opferfest ist das wichtigste Fest im Islam. Es wird am Ende der Pilgerfahrt nach Mekka in der ganzen Welt gefeiert, egal ob man gerade in Mekka ist oder nicht.

Das Opferfest dauert 4 Tage.

Es erinnert an Abraham und seinen Sohn, die vor 4000 Jahren lebten. Damals war es normal, dass die Menschen Gott Opfer brachten. Um Abraham zu prüfen, verlangte Gott von ihm, seinen Sohn zu opfern. Als Gott sah, dass Abraham tatsächlich dazu bereit war, schickte er ihm in letzter Minute einen Widder, den er stattdessen schlachten sollte.

In Erinnerung an diese Geschichte schlachten die muslimischen Familien ein Schaf, ein Rind oder ein Kamel. Sie behalten aber nur einen kleinen Teil des Fleisches, den größeren Teil bekommen die armen Menschen, die sich ein solches Festmahl nicht leisten können.

LS 06.M2 Das Fest des Fastenbrechens – Id al-Fitr

Im Islam gibt es nur zwei große Feste, die alle Muslime in der Welt feiern. Eines davon ist das Fest des Fastenbrechens (Id al-Fitr).

Am Ende des Fastenmonats Ramadan feiern Muslime das Fest des Fastenbrechens. Das ist ein sehr fröhliches Fest, denn alle freuen sich, dass die lange Fastenzeit vorbei ist, und niemand muss arbeiten oder in die Schule gehen.

Das Fest dauert 3 Tage.

Am Morgen ziehen sich alle ihre schönsten Kleider an und gehen zusammen zum Beten in die Moschee. An diesem Tag gibt es ein besonders leckeres Festessen. Später besucht man Freunde und Verwandte und beschenkt sich gegenseitig. Besonders die Kinder bekommen Geschenke, Geld und Süßigkeiten. Deshalb nennt man das Fest in der Türkei auch „Zuckerfest". Aber auch die armen Menschen werden an diesem Tag nicht vergessen. Auch sie erhalten Geschenke und Spenden.

Wer es in der Fastenzeit nicht geschafft hat, sich mit allen Menschen, mit denen er Steit hat, zu versöhnen, sollte es spätestens am Fest des Fastenbrechens tun.

LS 06.M3 Islam

Lernpartner A: _____ mein Name

A1 Lies den Text und beantworte die Fragen in Stichworten.

a) Wie heißt das Fest? _____

b) Wann findet es statt? _____

c) Wie lange dauert es? _____

d) Wie feiert man es? _____

A2 Erfährst du sonst noch etwas Interessantes?

Lernpartner A und B gemeinsam

A1 Unsere Antworten auf die Fragen.

a) Wie heißt das Fest? _____

b) Wann findet es statt? _____

c) Wie lange dauert es? _____

d) Wie feiert man es? _____

A2 Das finden wir auch noch interessant.

Lernpartner B: _____ mein Name

A1 Lies den Text und beantworte die Fragen in Stichworten.

a) Wie heißt das Fest? _____

b) Wann findet es statt? _____

c) Wie lange dauert es? _____

d) Wie feiert man es? _____

A2 Erfährst du sonst noch etwas Interessantes?

LS 07 Muslimische Lebensfeste

		Zeitrichtwert	Lernaktivitäten	Material	Kompetenzen
1	PL	5'	L gibt einen Überblick über den Ablauf der bevorstehenden Stunde.		– sinnentnehmend lesen – in Zufallsgruppen arbeiten – sich austauschen – zuhören – anderen etwas erklären – Arbeitsergebnisse präsentieren
2	EA	5'	S lesen den ihnen zugelosten Text zu einem Fest, bearbeiten die Aufgaben und notieren eventuell auftretende Fragen.	M1–4	
3	GA	20'	S klären in Expertengruppen mögliche Fragen, vergleichen, ergänzen, korrigieren ihre Ergebnisse, füllen das entsprechende Puzzleteil aus und malen ein passendes Bild zu ihrem Fest.	M1–8	
4	GA	10'	Experten zu den vier verschiedenen Festen finden sich in Mischgruppen zusammen, erklären den anderen, was sie herausgefunden haben, schneiden ihre Puzzleteile sauber aus und kleben sie zusammen.	M5–8, Schere, Kleber, DIN-A3-Papier	
5	PL	5'	Präsentation im Galeriegang.		

Erläuterungen zur Lernspirale

Ziel der Stunde ist die arbeitsteilige Erarbeitung von Informationen zu den vier wichtigsten Festen im Leben eines Muslimen.

Zum Ablauf im Einzelnen:
Im **1. Arbeitsschritt** erläutert der Lehrer das Vorgehen für die folgende Stunde.

Die Schüler lesen im **2. Arbeitsschritt** zunächst in stiller Einzelarbeit den ihnen zugelosten Text, bearbeiten die Aufgaben und notieren eventuell auftretende Fragen. Die Zuteilung der Texte entscheidet hierbei bereits über die spätere Zusammensetzung der Expertengruppen. Der Lehrer kann die Zusammensetzung dem Zufall überlassen oder diese durch die gezielte Zuteilung der Texte bestimmen. In großen Klassen werden die Themen doppelt vergeben, damit die Expertengruppen nicht zu groß werden.

Im **3. Arbeitsschritt** besprechen die Schüler in den Expertengruppen den Textinhalt, klären aufgetretene Fragen und vergleichen, ergänzen bzw. korrigieren ihre Ergebnisse. Dann füllen sie das entsprechende Puzzleteil aus und malen ein passendes Bild zu ihrem Fest.

Im **4. Arbeitsschritt** kommen die Schüler in Mischgruppen zusammen und präsentieren innerhalb der Gruppe ihr Fest. Anschließend schneiden sie ihre Puzzleteile sauber aus und fügen sie zusammen.

Die Präsentation im **5. Arbeitsschritt** erfolgt im Galeriegang. Dazu wandern die Schüler von Tisch zu Tisch und schauen sich die Ergebnisse der Mitschüler an.

✓ Merkposten
Zwei DIN-A3-Blätter pro Mischgruppe zum Aufkleben der Puzzleteile bereithalten.

Tipp
Zur Findung der Mischgruppen im 4. Arbeitsschritt bietet es sich an, die Texte auf der Rückseite vorab mit entsprechenden Buchstaben zu markieren. So kann gewährleistet werden, dass ohne großen Zeit- und Organisationsaufwand in jeder Mischgruppe ein Experte zu jedem Text sitzt.

Notizen:

07 Muslimische Lebensfeste

Die Geburt

Kurz nach der Geburt eines Kindes flüstert der Vater ihm das islamische Glaubenbekenntnis ins Ohr. Dann bekommt das Kind ein wenig Zucker oder Honig auf die Zunge gelegt als Zeichen, dass die Eltern ihm ein glückliches Leben wünschen. Sieben Tage nach der Geburt erhält das Kind in der Moschee seinen Namen. Dazu hält der Iman das Kind hoch in Richtung Mekka und flüstert ihm dreimal seinen Namen und bestimmte Koranverse ins Ohr. Danach gibt es ein Festessen mit der ganzen Familie, Freunden und Verwandten.

A1 Beantworte die Fragen zum Text:

1. Was macht der Vater direkt nach der Geburt des Kindes?

2. Wann bekommt das Kind seinen Namen?

3. Wie bekommt das Kind seinen Namen?

4. Das finde ich auch noch interessant:

A2 Tausche dich in der Expertengruppe aus. Berichtige oder ergänze deine Ergebnisse.

A3 Fülle das Puzzleteil zu deinem Fest aus und male ein Bild dazu.

Islam — LS 07.M2

Die Beschneidung

Bei der Beschneidung schneidet ein Arzt die Vorhaut des Gliedes ab. Früher tat man dies aus Gründen der Sauberkeit und zum Schutz vor Krankheiten. Weil der Prophet Mohammed beschnitten war und seine Söhne auch beschneiden ließ, tun es Muslime auch heute noch. Für die Beschneidung gibt es keinen festen Zeitpunkt. Manchmal werden die Jungs schon als Babys beschnitten, manchmal auch erst mit sieben Jahren oder später. Für die Jungen ist das ein großer Tag. Die ganze Familie kommt zusammen und feiert mit Freunden und Verwandten ein großes Fest. Die Jungs werden wie kleine Prinzen angezogen und bekommen Geschenke und Süßigkeiten.

A1 Beantworte die Fragen zum Text:

1. Was passiert bei der Beschneidung?

_____

_____

2. Wann werden die Jungen beschnitten?

_____

_____

3. Wie wird die Beschneidung gefeiert?

_____

_____

_____

4. Das finde ich auch noch interessant:

_____

_____

_____

A2 Tausche dich in der Expertengruppe aus. Berichtige oder ergänze deine Ergebnisse.

A3 Fülle das Puzzleteil zu deinem Fest aus und male ein Bild dazu.

LS 07.M3 — Islam

Die Hochzeit

Die Hochzeit ist ein ganz wichtiges Familienfest bei den Muslimen. Das Fest kann mehrere Tage dauern und es werden sehr viele Gäste eingeladen, manchmal das ganze Dorf. Es gibt Musik und Tanz und ganz viel Essen. Das Hochzeitspaar bekommt sehr viele Geschenke.

Vor der Hochzeit schließen die Eheleute einen Vertrag. Darin steht zum Beispiel, dass der Mann für seine Frau und seine Kinder sorgen muss oder auch, wer was im Haushalt tut.

In manchen Gegenden werden Hände und Füße der Braut mit wunderschönen Mustern bemalt.

In der Moschee legt der Iman die Hände des Brautpaares zusammen und segnet es. Dann sprechen alle zusammen die erste Sure des Koran. Damit ist die Ehe vor Gott und den Menschen geschlossen.

A1 Beantworte die Fragen zum Text:

1. Was tun die Brautleute vor der Hochzeit?

   _____
   _____

2. Was passiert in der Moschee?

   _____
   _____

3. Wie wird die Hochzeit gefeiert?

   _____
   _____

4. Das finde ich auch noch interessant:

   _____
   _____

A2 Tausche dich in der Expertengruppe aus. Berichtige oder ergänze deine Ergebnisse.

A3 Fülle das Puzzleteil zu deinem Fest aus und male ein Bild dazu.

Islam   LS 07.M4

Das Begräbnis

Genau wie Christen und Juden glauben auch Muslime an ein Leben nach dem Tod. Wenn ein guter Mensch stirbt, kehrt er zu Allah ins Paradies zurück. Dazu muss er eine Brücke überqueren, die schärfer als ein Schwert und dünner als ein Haar ist. Ein böser Mensch fällt von der Brücke in die Hölle.

Der Tote wird nach bestimmten Regeln gewaschen und in 3 weiße Tücher gehüllt. Anschließend wird das Totengebet gesprochen. Dann wird er im Sarg zum Friedhof getragen. Da dies eine Ehre ist, wechseln sich die Gemeindemitglieder beim Tragen ab.

Der Verstorbene wird auf die rechte Seite ins Grab gelegt, sodass sein Gesicht in Richtung Mekka zeigt.

Etwa 40 Tage nach dem Tod wird ein großes Essen vorbereitet, an dem manchmal das ganze Dorf teilnimmt.

A1 Beantworte die Fragen zum Text:

1. Woran glauben Muslime?

2. Wie liegt der Tote im Grab?

3. Wann findet das Festessen statt?

4. Das finde ich auch noch interessant:

A2 Tausche dich in der Expertengruppe aus. Berichtige oder ergänze deine Ergebnisse.

A3 Fülle das Puzzleteil zu deinem Fest aus und male ein Bild dazu.

Die Geburt

1. Was macht der Vater nach der Geburt des Kindes?

2. Wann bekommt das Kind seinen Namen?

3. Wie bekommt das Kind seinen Namen?

4. Das finde ich auch noch interessant:

Islam — LS 07.M6

Die Beschneidung

1. Was passiert bei der Beschneidung? _____

2. Wann werden die Jungen beschnitten? _____

3. Wie wird die Beschneidung gefeiert? _____

4. Das finde ich auch noch interessant: _____

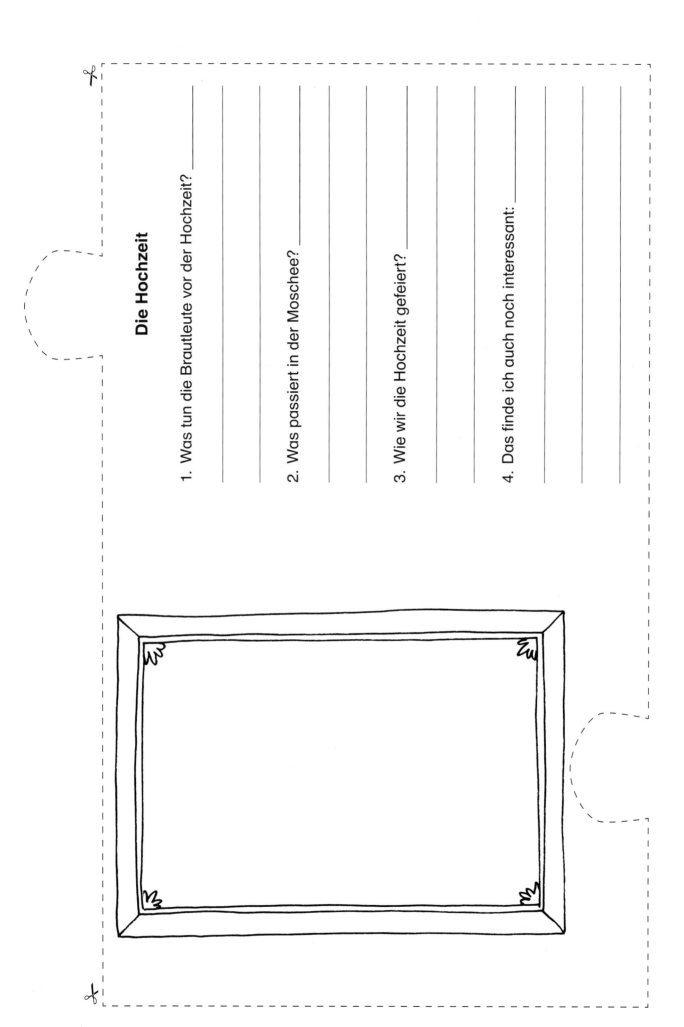

Die Hochzeit

1. Was tun die Brautleute vor der Hochzeit?

2. Was passiert in der Moschee?

3. Wie wir die Hochzeit gefeiert?

4. Das finde ich auch noch interessant:

Die Beerdigung

1. Woran glauben Muslime? _____

2. Wie liegt der Tote im Grab? _____

3. Wann findet das Festessen statt? _____

4. Das finde ich auch noch interessant: _____

Glossar

Arbeitsteilige Gruppenarbeit: Die Klasse wird in mehrere Gruppen mit unterschiedlichen Arbeitsaufträgen und/oder Materialien aufgeteilt. Das arbeitsteilige Vorgehen kann themengleich oder themendifferenziert angesetzt werden.

Blitzlicht (auch Blitz- oder Blitzlichtrunde): Die Schüler äußern sich in Kurzform zu einem bestimmten Thema/Reizwort/Problem. Sie äußern Assoziationen oder bringen Erfahrungen, Meinungen bzw. Vorwissen ein. Die Äußerungen sind knapp, spontan und werden nicht weiter kommentiert.

Doppelkreis (auch Kugellager): Die Schüler sitzen oder stehen sich in einem Innen- und Außenkreis paarweise gegenüber und halten sich wechselseitig Vorträge, führen Interviews etc. Die Hälfte der Klasse ist also mündlich aktiv.

Einzelarbeit (EA): Die Schüler sind bei der Bearbeitung des jeweiligen Arbeitsauftrags auf sich alleine gestellt und gehen in Stillarbeit daran, bestimmte Aufgaben zu lösen.

Expertengespräch: Schüler mit unterschiedlichem Spezialwissen kommen zusammen und tauschen sich zum einen oder anderen Thema bzw. Problem aus.

Expertengruppe: Dieser Begriff ist doppeldeutig: Von einer Expertengruppe kann zum einen dann die Rede sein, wenn alle Gruppenmitglieder parallel am gleichen Thema arbeiten und diesbezüglich zu Experten werden (siehe auch Stammgruppe), eine Expertengruppe liegt aber auch dann vor, wenn die einzelnen Gruppenmitglieder Spezialisten für unterschiedliche Gebiete sind (siehe auch Mischgruppe).

Galerie: Eine spezifische Form der Präsentation unterschiedlicher Gruppenprodukte. Zur Vorstellung der einzelnen Produkte werden Gruppen mit unterschiedlichen Produktverantwortlichen gebildet (siehe auch Mischgruppen). Diese Gruppen wandern von Station zu Station. An jeder Station erläutert der jeweilige Spezialist das Lernprodukt seiner Gruppe und stellt sich den Fragen der anderen. Auf diese Weise muss jeder Schüler einmal präsentieren.

Gruppenarbeit (GA): Die Schüler arbeiten in Kleingruppen mit in der Regel 3–5 Mitgliedern zusammen. Die Gruppenarbeit kann aufgabengleich oder aufgabendifferenziert angelegt sein.

Gruppenpuzzle: Ein gestuftes Verfahren der arbeitsteiligen Gruppenarbeit. In der ersten Stufe erhalten die Schüler unterschiedliche Aufgabenstellungen und gehen diese in Einzelarbeit durch. In der zweiten Stufe finden sie sich in aufgabengleichen Stammgruppen zusammen und besprechen/klären ihre spezifischen Fragen und Sichtweisen. In der dritten Stufe werden die Stammgruppenmitglieder so gemischt, dass mehrere Mischgruppen mit unterschiedlichen Spezialisten entstehen. Die betreffenden Spezialisten tragen ihre „Expertisen" vor und stellen sich den Fragen und/oder Anregungen der „Laien". In der vierten Stufe schließlich können die Schüler nochmals in ihre Stammgruppen zurückkehren, um eine abschließende Dokumentation zu ihrem Spezialgebiet zu erstellen.

Kooperative Präsentation: Zum Abschluss einer Gruppenarbeit präsentieren zwei oder mehr Schüler das jeweilige Gruppenergebnis. Die Präsentatoren können ausgelost werden. Die Präsentation muss so vorbereitet werden, dass die betreffenden Sprecher in etwa gleichgewichtig zu Wort kommen.

Lehrervortrag: Die Lehrkraft präsentiert/erläutert lernrelevante Sachverhalte an der Tafel oder in anderer Weise im Plenum. Damit wird den Schülern „Futter" für die Eigenarbeit gegeben.

Lernprodukte: Produkte, die am Ende eines Arbeitsprozesses von Schülern stehen. Das können eigene Texte, Zeichnungen, Schaubilder, Tabellen, Diagramme, Briefe, Kommentare, Mindmaps, Plakate, Wandzeitungen, Kollagen, Gedichte, Hörspiele, technische Werkstücke etc. sein.

Museumsrundgang: Die Schüler sichten alleine oder in Gruppen die im Klassenraum aushängenden bzw. ausliegenden Lernprodukte, holen Informationen ein und besprechen etwaige Unklarheiten.

Partnerarbeit (PA): Die Schüler arbeiten paarweise zusammen und berichten, helfen und unterstützen sich gegenseitig.

Plenum (PL): Arbeitsphasen, in denen die Gesamtgruppe der Schüler angesprochen wird – durch Lehrervorträge, lehrergelenkte Unterrichtsgespräche oder Schülerpräsentationen.

Spickzettel: DIN-A7-Kärtchen, auf dem sich ein Schüler das Wichtigste zu einem bestimmten Thema stichwortartig notiert. Die Zahl der Wörter kann z.B. auf 10 begrenzt werden; Skizzen, Symbole und andere grafische Elemente können hinzukommen. Der Spickzettel sollte gut strukturiert sein und dient z.B. als Lernhilfe oder als Gedächtnisstütze bei Präsentationen.

Zufallsgruppe/Zufallstandem: Gruppen- bzw. Tandembildung mittels Abzählen, Spielkarten, Puzzlebildung, Namenskärtchen oder anderen Formen des Losverfahrens.

Zufallsprinzip: Grundsatz, dass bei der Gruppenbildung oder bei der Auswahl von Präsentatoren auf den Zufall gesetzt und ausgelost wird.

Weitere Begriffe finden Sie im Internet unter www.klippert-medien.de/glossar.